CRISTINA BLASI CASAGRAN
JOSEP CAÑABATE PÉREZ

Legislación y derecho digital para no juristas

Universitat Autònoma de Barcelona
Servei de Publicacions
Bellaterra, 2024

Primera edición: febrero de 2024

© del texto:
Cristina Blasi Casagran y Josep Cañabate Pérez
© de esta edición:
Servei de Publicacions de la UAB

© imagen de la cubierta:
Flatart PKfrom
con licencia Creative Commons (CC BY 3.0)

Edición:
Servei de Publicacions
Universitat Autònoma de Barcelona
Edifici A. 08193 Bellaterra (Cerdanyola del Vallès). Spain
Tel. 93 581 10 22
sp@uab.cat
https://publicacions.uab.cat

ISBN 978-84-19333-93-3
Depósito legal: B-2452-2024

Impreso en España. Printed in Spain

Índice

Introducción

La asignatura «Legislación» es un curso de 3 ECTS que se ofrece a los estudiantes de ingeniería con el fin de transmitir los principales derechos e instrumentos legales que existen hoy en la era digital, así como para que aprendan el correcto uso de las tecnologías digitales.

No es fácil encontrar un manual que aborde este tema de forma adecuada para los estudiantes que no tienen formación jurídica. Por eso, después de impartir durante algunos años esta asignatura en la Universidad Autónoma de Barcelona (UAB), hemos decidido publicar el primer manual de legislación para estudiantes de ingeniería, con un enfoque práctico y didáctico. Nuestro objetivo es ofrecer una explicación clara y estructurada de los principales aspectos legales que afectan al desarrollo, la gestión y la seguridad de los sistemas informáticos, así como a la protección de los datos personales, la propiedad intelectual, la inteligencia artificial y el comercio electrónico.

Este manual está pensado para ayudar a los estudiantes a simplificar el material de aprendizaje y a complementar sus notas tomadas en clase. Además, incluye actividades y ejercicios para facilitar la comprensión y la aplicación de los conceptos. Está escrito con un lenguaje sencillo y accesible para que pueda ser entendido por diferentes públicos, independientemente de su disciplina y sin conocimiento previo de derecho.

Esperamos que este manual sea de utilidad para los estudiantes de ingeniería informática y para todos aquellos que quieran conocer los aspectos legales de la informática y las tecnologías digitales. Queremos dar las gracias especialmente a Joaquín Rodríguez Álvarez y Laura Casas, autora del capítulo 7, por su contribución en este manual, así como a todos los que nos han apoyado y asesorado en este proyecto.

Tema 1. Introducción al derecho y consideraciones jurídicas generales

1. El concepto de derecho

En nuestro día a día, hay múltiples situaciones que nos ponen en contacto con el derecho. Por ejemplo, cuando cogemos el autobús o bien cuando compramos entradas para ir al teatro, estamos realizando actos que tienen una trascendencia jurídica. En concreto, cuando nos subimos a un autobús estamos iniciando un contrato de transporte; en cambio, cuando compramos las entradas estamos efectuando un contrato de compraventa.

Cualquier contrato repercutirá en unas consecuencias jurídicas si no se cumple según lo acordado. Así, por ejemplo, si compramos un piso a plazos, pero dejamos de pagar la deuda, podemos ser demandados ante un tribunal, el cual muy probablemente acabará imponiendo una sanción. Las sanciones también están previstas en el ámbito penal cuando alguien comete un robo, ya que, al denunciarse, la policía inicia una investigación y, si se encuentra al culpable, se le impondrá la correspondiente pena.

Por ello, se puede afirmar que la existencia de normas de soporte jurídico a ciertos hechos y relaciones se constituye como lo que denominamos «derecho». El concepto de **derecho** se puede definir como el conjunto de normas de conducta obligatorias, establecidas o autorizadas por el estado. Pero no todas las normas forman parte del derecho. Hay que distinguir las **normas jurídicas** de otros tipos de normas, como podrían ser las normas de ajedrez, o las normas morales, como el hecho de ayudar a un amigo. Una norma jurídica se caracteriza por ser un enunciado lingüístico de alcance general, producido por la instancia competente y con fuerza vinculante. Se trata de descripciones, mandatos, prohibiciones o permisiones susceptibles de determinar conductas que los destinatarios de dichas normas deben llevar a cabo. Por lo tanto, la principal diferencia entre las normas jurídicas y las no jurídicas es que las primeras son de carácter obligatorio y, por ello, las podemos exigir ante un juez. Esto es porque las normas jurídicas son respaldadas por el poder coercitivo del estado y, por ello, se pueden imponer por la fuerza.

1.1 El derecho como orden normativo

El derecho es, pues, el sistema de regulación de conductas sociales más completo que ha desarrollado el ser humano. El derecho viene constituido por normas jurídicas, que, a su vez, se componen de dos elementos: el supuesto de hecho y la consecuencia jurídica.

$$\boxed{\text{SUPUESTO DE HECHO}} \longrightarrow \boxed{\text{CONSECUENCIA JURÍDICA}}$$

El supuesto de hecho de una norma jurídica se caracteriza por plantear un hecho jurídico, es decir, un acontecimiento puramente natural e independiente de la acción humana.

Una consecuencia jurídica, por otro lado, supone la creación de derechos y obligaciones, en el caso de un acto lícito, o bien impone sanciones en forma de penas o indemnización por daños y perjuicios, en el caso de un acto ilícito.

1.2 El derecho y la justicia. La moralidad y los valores jurídicos

El derecho mantiene una estrecha relación con la justicia, ya que es precisamente el instrumento a través del cual se busca la justicia. De hecho, parte de la doctrina considera que la justicia se encuentra inherente al derecho, ya que el derecho acarrea siempre cierta justicia. La palabra «justicia» (*iustitia*) procede de la expresión latina *ius*. Por lo tanto, la palabra *justicia* va indisolublemente unida al derecho. El derecho es, o debe ser, el instrumento para lograr la justicia; en otras palabras, es un mecanismo de convivencia que protege el valor de la justicia.

Cada vez que calificamos un acto, sentencia o norma de justa o injusta, podemos referirnos a distintos aspectos dentro de la justicia:

a) JUSTO = LEGAL: por ejemplo, una sentencia judicial puede ser considerada como justa cuando en ella se ha aplicado la ley, sin entrar a juzgar su contenido y la decisión o el fallo.

b) JUSTO = IGUALITARIO: un acto o una ley pueden ser justos si respetan un criterio básico de igualdad. El propio filósofo griego Aristóteles (384 – 322 a.C.) reconoció que los iguales deben ser tratados como iguales y los desiguales como desiguales. Por ejemplo, lejos del debate de si debe existir o no la pena de muerte, sería injusto que se aplicase a un asesino y no se aplicase, en cambio, a otra persona que hubiera cometido el mismo delito en idénticas circunstancias. Por el contrario, si el mismo delito es cometido por estas dos personas, pero una de ellas lo ha cometido en su sano juicio y la otra presenta enajenación mental, no se les debería imponer la misma pena, ya que el estado mental del delincuente es una diferencia relevante en esta materia. Por lo tanto, lo justo está relacionado con lo igual: hay que tratar de manera similar los casos similares, pero de modo diferente los casos diferentes. Cuando hablamos del principio igualitario nos referimos a ofrecer igualdad de derechos e igualdad de oportunidades. De hecho, uno de los retos del derecho es el de reducir la desigualdad, sobre todo en colectivos que originariamente estaban discriminados, como las mujeres, los negros, los pobres, los menores de edad y los extranjeros.

c) JUSTO = PROPORCIONAL: también será justa la norma que aplica una proporcionalidad entre la consecuencia jurídica y el hecho que la motiva. No solo los iguales deben de ser tratados como iguales y los desiguales como desiguales, sino que la relación en el trato de los diversos casos debe guardar entre sí una determinada proporción, que es la que calificamos precisamente de justa. Sin embargo, los parámetros para determinar esa proporción son variables según las épocas y según los grupos sociales.

La aspiración del derecho es, pues, conseguir crear una sociedad justa, con instituciones justas, y en la que la justicia se practica de modo habitual. Por lo tanto, si se elabora una ley que es injusta, se podrá decir que los legisladores, o los políticos, han actuado mal, pero no hasta el punto de concluir que el derecho de por sí es algo negativo o injusto.

ACTIVIDAD 1. JUSTICIA Y DERECHO
Reflexiona acerca de las siguientes dos preguntas de debate:
1. ¿El derecho injusto es derecho? 2. Si considero que la ley es injusta, ¿debo obedecerla también?

La pregunta de si cabe un derecho **injusto** es un tanto compleja. Hoy en día, muchos juristas consideran que ni desde el iusnaturalismo ni desde el positivismo se podría hablar de un derecho injusto, ya que en el derecho está implícita la idea de justicia. Estos juristas sostienen que el legislador tiene el poder de decir lo que es justo o injusto; por lo tanto, desde el momento en que las normas han sido creadas por el poder legislativo, estas no pueden ser injustas. Sin embargo, hay parte de la doctrina que, por el contrario, dice que cuando un ordenamiento jurídico es injusto, ese ordenamiento deja de ser jurídico, aunque tenga la apariencia de jurídico y, por lo tanto, no debería ser aplicado. Pero, sin duda, pueden existir (y existen) leyes injustas. Por ejemplo, si el Gobierno español adoptara una ley que proclamara la desigualdad o la discriminación de las personas, sea por raza, sexo, origen o cualquier otra justificación, sería una ley injusta, aunque fuese legal o válida. Es precisamente la diferencia esencial entre legalidad y legitimidad.

El dilema de si hay que obedecer una ley que es injusta debe distinguir entre la obligación jurídica y política de obedecer las normas y la obligación moral de hacerlo. Por ejemplo, si tenemos en nuestro ordenamiento una norma que va en contra de los derechos humanos o de las libertades públicas contenidas en la Constitución española, esta sería una norma injusta y no habría obligación moral de obedecerla —pero sí obligación jurídica. En derecho penal existe el principio de «obediencia debida», mediante el cual se exime de responsabilidad penal a aquellos autores de delitos cometidos en el cumplimiento de una orden (por ejemplo, torturas y crímenes de guerra cometidos por orden militar). Sin embargo, este principio ha suscitado mucho debate por parte de aquellos que creen que nadie, ni autoridad ni ley, pueden obligar a otro individuo a cometer un delito y a ir en contra de su propia conciencia, de su criterio ético, que es superior al derecho.

Uno de los aspectos más debatidos en el examen del derecho es su relación con la **moral**. Por ejemplo, una norma moral sería que una persona considerase inadecuado llegar de madrugada a su casa después de salir y divertirse con sus amigos. Esto sería una norma que el individuo del ejemplo se autoimpone, pero no tiene ninguna consecuencia jurídica si se infringe, ya que la moral tiene que ver con actos voluntarios e individuales.

Sin embargo, a veces la norma moral alimenta a la norma jurídica, y muchas normas morales se han vuelto jurídicas con el tiempo (y, por lo tanto, obligatorias). ¿Es suficiente justificación que haya una mayoría de individuos en una sociedad que comparta unas creencias morales para que puedan imponerlas al resto del grupo a través del derecho? Del mismo modo, ¿hasta dónde puede intervenir el derecho para castigar las conductas de los individuos que atentan contra las creencias morales de la mayoría? Como casos relevantes en que el derecho se ha impuesto a las creencias morales e ideológicas, cabría destacar (entre muchos otros) el caso *Handyside* del TEDH (1976) sobre publicación de información obscena en un libro de educación para niños, y el caso *Dudgeon* del TEDH (1981) como primera sentencia del tribunal a favor de los derechos de los homosexuales.

Así pues, se puede distinguir entre normas jurídicas y normas morales. Muchas normas morales son a la vez también jurídicas, como el hecho de no matar o no robar, pero esta equivalencia no existe en otros casos. En realidad, el derecho y la moral tienen perspectivas diversas sobre el comportamiento humano.

Existen cuatro diferencias básicas entre el derecho y la moral:

1. Aunque tanto el derecho como la moral pueden regular conductas humanas, el derecho se fija en la relevancia o trascendencia social de la conducta, mientras que la moral se centra en la dimensión personal de la conducta, el valor que esa conducta tiene para un sujeto. Por ejemplo, temas como la eutanasia o el aborto pueden tener respuestas diferentes desde el punto de vista del derecho y la moral.
2. En derecho se habla de «sujeto de derecho» y, en cambio, según la moral se hace referencia a la persona.
3. La moral tiene un carácter autónomo frente al carácter heterónomo de las normas jurídicas. Así, la moral se relaciona con una voluntad propia del individuo, mientras que las normas jurídicas proceden de una voluntad exterior, diferente del sujeto al cual dicha norma vincula u obliga. El derecho se limita a exigir la observancia externa de esas reglas en cuanto son necesarias para la convivencia humana y la paz de la comunidad.
4. Según el criterio de la coacción, la moral no se puede imponer por la fuerza, ya que la única sanción es el propio remordimiento de conciencia, el sentimiento de culpa o la frustración. Así pues, la norma moral supone la conciencia de un deber, de una conducta que debemos observar. Su infracción lleva aparejado el reproche moral, es decir, el juicio de que no se ha hecho lo que se debía, de que esa conducta es «mala». En cambio, el incumplimiento del derecho produce sanciones externas e institucionalizadas. Por lo tanto, la sanción jurídica y el reproche o la satisfacción moral actúan en planos distintos.

ACTIVIDAD 2. DERECHO Y MORAL

Los familiares de M. M. A., testigo de Jehová, de 33 años, casado y con una hija, se oponen, alegando razones morales y religiosas, a la realización de una nueva operación quirúrgica que los médicos consideran absolutamente imprescindible para evitar la muerte de M. M. A., porque en la misma sería necesario aplicar al paciente una transfusión de sangre.
Ante esta situación, la dirección del centro sanitario en el que se encuentra ingresado M. M. A. solicita autorización judicial para practicar la intervención quirúrgica y, en su caso, para la realización de una transfusión de sangre.
La familia de M. M. A., por su parte, presenta ante el juez un documento firmado por el paciente antes de la primera intervención en el que este exige el compromiso del equipo médico de que no le serán practicadas transfusiones de sangre como medio de curación aun encontrándose en peligro de muerte.

1. Si fueras el médico y estuvieras ante la tesitura de tomar una decisión como la que se plantea en el supuesto de hecho, ¿qué solución adoptarías y qué razones aducirías en apoyo de esta?
2. En definitiva, ¿se pueden imponer los principios morales por medio del derecho, o es el derecho amoral? ¿Cómo ves la relación entre el derecho y la moral? Con relación al supuesto, ¿se puede justificar la imposición de conductas contrarias a las creencias religiosas de una persona por medio del derecho cuando se cree que aquellas se basan en un principio moral básico de la comunidad?

No se conciben normas sin **valores**. De hecho, las normas nos piden invariablemente que respetemos determinados valores. A parte de la justicia, podemos destacar en cualquier ordenamiento jurídico democrático cuatro valores jurídicos más: la dignidad, la libertad, la igualdad y la seguridad jurídica.

La dignidad humana: la dignidad la encontramos regulada en la Declaración Universal de los Derechos Humanos. El considerando primero establece que «Considerando que la libertad, la justicia y la paz en el mundo tienen por base el reconocimiento de la **dignidad** intrínseca y de los derechos iguales e inalienables de todos los miembros de la familia humana». Así mismo, el considerando quinto prevé que la declaración se basa «en los derechos fundamentales del hombre, en la **dignidad** y el valor de la persona humana y en la igualdad de derechos de hombres y mujeres». Finalmente, el artículo 1 de la DUDH dice:

«Todos los seres humanos nacen libres e iguales en **dignidad** y derechos y, dotados como están de razón y conciencia, deben comportarse fraternalmente los unos con los otros».

Se puede afirmar que la dignidad humana es la base de derechos y de instituciones jurídicas y políticas. La dignidad de toda persona prohíbe que esta sea objeto de ofensas o humillaciones, promoviendo una total autodisponibilidad de actuación de cada persona.

Por lo tanto, la dignidad es un valor básico que fundamenta los derechos humanos. Procura un orden de máxima e igual libertad y seguridad de todos. Entre los derechos humanos que tienen fundamento en la dignidad, se pueden destacar el derecho a la integridad moral, el derecho a la intimidad, el derecho al honor, el derecho a la propia imagen y el derecho a la nacionalidad, entre otros.

La libertad: en cuanto al principio de libertad, este es otro valor necesario en una sociedad democrática y un estado de derecho. Libertad consiste en ofrecer autonomía a los ciudadanos, que quedarán libres de vínculos, presiones o coacciones externas del estado o de otros individuos o grupos. Además, la libertad también otorga a los individuos la posibilidad de realizar determinadas actividades o conductas. Estos tienen poder para participar en la designación y en el eventual control de los gobernantes, así como en la elaboración de las leyes. Por lo tanto, la libertad supone la participación de los individuos en la cosa pública. La constitución identifica libertades más específicas, como la libertad religiosa y de cultos, la libertad de tránsito, de expresión, de manifestación o de reunión.

La igualdad: el principio de igualdad trata de no equiparar arbitrariamente aquellas cosas entre las que se den diferencias relevantes. Se pueden diferenciar dos tipos de igualdad:

a) Igualdad material: se trata de equiparar y equilibrar bienes y situaciones económicas y sociales.

b) Igualdad formal o jurídica: consiste en respetar el principio de igualdad ante la ley. La igualdad formal reconoce que el estatuto jurídico es igual para todos los ciudadanos. Por lo tanto, todos los ciudadanos van a ser sometidos a las mismas normas y tribunales.

El principio de igualdad no se aplica en situaciones aparentemente semejantes, pero que requieren un tratamiento jurídico distinto. En ese caso, estas situaciones tendrán un tratamiento diferenciado. Relacionado con el criterio de diferenciación, existe una polémica en torno a la **discriminación inversa** o discriminación positiva. Esta consiste en discriminación que procura la igualdad. Trata de derogar garantías de igualdad formal en nombre de exigencias de igualdad material que se consideran más importantes. Se llama «discriminación positiva» porque incentiva la proliferación de un determinado grupo en la sociedad. Por ejemplo, se aplica discriminación positiva cuando en las universidades se da preferencia de ingreso a estudiantes de grupos socialmente débiles o minoritarios sobre los estudiantes de los grupos o clases dominantes de la sociedad.

1.3 La protección de los derechos humanos

Los valores jurídicos que acabamos de estudiar se expresan y proyectan a través de los derechos humanos. Así, los derechos humanos empezaron siendo, en su origen, exigencias éticas ligadas a valores como la libertad, la dignidad, la igualdad del ser humano y hasta la olvidada fraternidad del cristianismo, recogida por la Revolución francesa, y estos valores, a su vez, estaban ligados a la idea de justicia y democracia. Sin embargo, antes de la Revolución francesa encontramos derechos humanos reproducidos en códigos mesopotámicos y babilónicos, en la Carta Magna inglesa de 1215, así como en la declaración de Virginia del 12 de junio de 1776 o la declaración de Independencia de los Estados Unidos del 4 de julio del mismo año. Estas dos últimas declaraciones tuvieron una gran influencia sobre la francesa declaración de los derechos del hombre y del ciudadano de 1789.

Después de la Segunda Guerra Mundial, estos derechos humanos se consideran como un principio constitucional del derecho internacional moderno. En ese periodo nace la Organización de Naciones Unidas (ONU), en 1945, y se proclama la Declaración Universal de Derechos Humanos en 1948. El establecimiento de los derechos humanos va muy ligado a la idea de estado social del momento. Se consideró que estos derechos eran necesarios para cubrir las inseguridades y carencias de los ciudadanos frente al estado.

Los derechos humanos pueden o no estar contemplados en las constituciones o en los tratados internacionales. Si entendemos los derechos humanos como derechos jurídicos —referenciados a un sistema normativo— podría pensarse que los derechos humanos son derechos públicos subjetivos. Así, los derechos fundamentales o constitucionales de nuestro ordenamiento jurídico son, a su vez, derechos humanos. Mediante los derechos fundamentales, una sociedad se ata a sí misma, evitando caer en abusos o tentaciones de irracionalidad. Además, los derechos fundamentales protegen a las minorías frente a las mayorías, y evitan conductas abusivas. Por ello, los derechos fundamentales en los actuales ordenamientos jurídicos desempeñan un papel de legitimación, y también un papel de casi justicia. Sin embargo, en la práctica son aún muchos los ordenamientos jurídicos en los que el catálogo de derechos fundamentales es totalmente retórico, pues en los hechos no se cumplen ni se respetan. Por lo tanto, los derechos fundamentales o constitucionales son siempre derechos humanos jurídicos.

La **constitución** es la ley suprema de un estado, formada por un conjunto de normas fundamentales y superiores al ordenamiento —valores, principios y reglas— e instituciones jurídicas fundamentales que regulan la organización y el ejercicio del poder público estatal y garantizan los derechos individuales y colectivos. En España, nuestra constitución (CE) ha ido ampliando los derechos fundamentales a lo largo de los años. Por ejemplo, España fue uno de los primeros países en admitir el voto femenino, en 1931.

Además de estar reconocidos por una norma jurídica positiva de rango constitucional, la principal vía de protección jurisdiccional de los derechos fundamentales es el Tribunal Constitucional (TC). Nuestro TC actúa ante dos situaciones:

a) Cuando hay una infracción proveniente de una norma con fuerza de ley, en cuyo caso la vía es el recurso de inconstitucionalidad.

b) Cuando la violación proviene de una norma reglamentaria o tras agotarse las instancias judiciales ordinarias. En tales casos, la vía es el recurso de amparo. Son titulares de la acción de amparo cualquier persona natural o jurídica que invoque interés legítimo, el Defensor del Pueblo y el Ministerio Fiscal.

Los principales derechos fundamentales que encontramos reconocidos en las constituciones de los países democráticos pueden dividirse en:

a) Derechos y libertades civiles: son los derechos de los individuos y garantizan determinados ámbitos de libertad de actuación o autonomía. Por ejemplo, son derechos civiles el derecho a la libertad, el derecho a la vida y a la integridad física y moral (artículo 15 CE), y el derecho a la seguridad personal (artículo 17 CE); la irretroactividad de las normas desfavorables para el ciudadano (artículo 25 CE); el derecho al honor, a la intimidad personal y familiar y a la propia imagen, así como el secreto de las comunicaciones (artículo 18 CE); el derecho a circular libremente y a elegir libremente su residencia, así como el derecho a entrar y salir libremente de España (artículo 19 CE), y la libertad de expresión y de información (artículo 20 CE). También son derechos civiles las garantías procesales de los artículos 17 y 24 CE: i) derecho a ser informado de los derechos y de las razones de una detención; ii) tener un abogado que defienda al detenido; iii) el *habeas corpus*, que es la inmediata puesta a disposición judicial de toda persona detenida ilegalmente, y iv) la tutela efectiva de los jueces y tribunales.

b) Derechos políticos: son los derechos que garantizan la participación democrática de los ciudadanos en los asuntos públicos. Por ejemplo, son derechos políticos el derecho a sufragio activo y pasivo (artículo 23 CE), a fundar partidos, de asociación (artículo 22 CE) y a la reunión pacífica y sin armas (artículo 21 CE),

c) Derechos socioeconómicos: son aquellos derechos que garantizan unas condiciones de vida digna. Por ejemplo, formaría parte de este grupo el derecho a la salud, a la educación básica, el derecho de sindicación, el derecho de huelga, el derecho a la negociación colectiva laboral y la libertad de empresa en el marco de la economía de mercado (artículo 38 CE), entre otros.

Pero no solamente los estados prevén los derechos humanos en sus constituciones, sino que, a nivel europeo, existen dos vías jurisdiccionales para proteger al ciudadano europeo de una posible violación de sus derechos humanos:

1. **El Tribunal Europeo de Derechos Humanos** (TEDH): este aplica el Convenio Europeo de Derechos Humanos (CEDH). Cuando un ciudadano de un estado del Consejo de Europa (CdE) ha agotado todas las vías jurisdiccionales de su país, puede presentar una demanda contra un estado por entender que se han vulnerado algunos de los derechos humanos previstos en la convención.

2. **El Tribunal de Justicia de la Unión Europea** (TJUE): en la actualidad, la Carta de los Derechos Fundamentales de la Unión, adjunta al Tratado de la Unión Europea, desempeña un papel vinculante para todos los estados miembros y, por ello, un ciudadano europeo puede acudir al TJUE alegando una violación de alguno de los derechos contemplados en la Carta.

A nivel internacional, el organismo jurisdiccional más importante es la Corte Penal Internacional, creada en 1998, con sede en La Haya, que está facultada para juzgar a personas que hayan cometido crímenes y violaciones de derechos humanos graves y con trascendencia internacional, como crímenes de genocidio, de lesa humanidad, de guerra y de agresión. Además de la Declaración Universal de Derechos Humanos (DUDH), en 2007 se aprobó la Declaración Universal de Derechos Humanos Emergentes, que incluye nueve artículos, incorporando derechos como: a) el derecho a la existencia en condiciones de dignidad; b) el derecho a la paz; c) el derecho a habitar el planeta y al medio ambiente; d) el derecho a la igualdad de derechos plena y efectiva; e) el derecho a la democracia plural, paritaria, participativa y solidaria, y f) el derecho a la democracia garantista. Un estado que rechazara los derechos humanos de la DUDH difícilmente podría entrar en las principales organizaciones internacionales o formar parte de ellas.

Por lo tanto, el cumplimiento efectivo de los derechos humanos es un ingrediente esencial para conseguir la paz, el desarrollo y la democracia, que son tres prioridades mundiales. Se puede decir que, en las últimas décadas, ha habido un gran progreso en este sentido, ya que grupos desfavorecidos como la mujer, los menores y los negros han adquirido derechos, que no solían tener en un origen. Sin embargo, no podemos olvidar injusticias como el caso de Nelson Mandela, que pasó veintisiete años en la cárcel por pedir que los negros tuvieran los mismos derechos que los blancos. Aún hay mucho por hacer para aspirar al cumplimiento universal de los derechos humanos.

1.4 El derecho europeo

Este apartado no pretende analizar de manera detallada el funcionamiento de la Unión Europea. Lo que sí es importante remarcar es que la incorporación de España a la Unión Europea (UE) en 1985 no alteró el antiguo sistema de fuentes, al menos de manera sustancial.

Los veintisiete estados miembros que forman parte de la UE han limitado su soberanía legislativa, y se ha establecido un ordenamiento jurídico autónomo que es vinculante para los estados y para sus ciudadanos (más de quinientos millones). De hecho, más del 80% de las normas que nos vinculan proceden de la Unión Europea. Igualmente, los tribunales de cada país están obligados a aplicar en derecho de la UE, que tiene primacía ante contradicciones con el derecho interno. Por lo tanto, en caso de conflicto entre la legislación nacional y la europea, prevalece esta última.

La UE tiene sus instituciones propias. Las más importantes son la Comisión Europea, el Parlamento Europeo y el Consejo de Ministros de la Unión Europea. Mientras que la primera representa los intereses de la unión, el Parlamento representa a los ciudadanos y el Consejo vela por los intereses de los estados miembros. La UE adopta derecho originario y también derecho derivado. El derecho originario está constituido fundamentalmente por los tratados, los acuerdos de adhesión de los estados miembros y la Carta de Derechos Fundamentales de la UE. Este derecho se adapta automáticamente en cada uno de los estados miembros por el simple hecho de formar parte de la UE. El derecho derivado, en cambio, puede adoptar la forma de reglamentos, directivas, decisiones, recomendaciones y directrices. Por ejemplo, un acto jurídico importante que ha adoptado recientemente la Unión Europea es el reglamento sobre inteligencia artificial. Mientras que los reglamentos, las directivas y las decisiones son vinculantes (obligatorios), los dos últimos instrumentos son solo facultativos, y su incumplimiento no puede ser invocado ante los tribunales.

2. La relación jurídica

Una relación jurídica se produce cuando existe un trato entre dos o más personas a la que el derecho otorga un significado jurídico. Toda relación jurídica consta de tres elementos:

a) Los **sujetos**, que pueden ser dos o más. No se puede establecer una relación jurídica con una sola persona, o entre una persona y una cosa. También es importante subrayar que las personas pueden ser físicas o jurídicas.

b) El **vínculo de atribución**, que otorga legitimación al acto. Se trata de una capacidad concreta y específica que permite al poseedor de un derecho hacerlo efectivo. Normalmente el poder de ejercitar un derecho corresponde al titular.

c) El **objeto**, que es el motivo por el que se inicia una relación jurídica y sobre el que recae el derecho subjetivo. El objeto puede consistir en un hacer, un no hacer o en un dejar hacer.

Puede ser sujeto de derecho tanto una persona natural o física como una persona jurídica. La **persona jurídica** es una invención del derecho, que actúa «como si» fuera una persona natural. Para realizar algunos actos jurídicos, el hombre necesita asociarse, y este grupo de individuos puede formar una persona jurídica, ya sea en forma de sociedad anónima, organización, empresa, partido político, etc. El derecho va a tratar a este grupo como si fuera una persona y le conferirá capacidad jurídica y capacidad de obrar a través de sus órganos, compuestos siempre por personas físicas. Así pues, una persona jurídica podrá adquirir y poseer toda clase de bienes, y también contraer obligaciones y ejercitar acciones civiles o penales. Igual que las personas naturales, tienen nacionalidad, vecindad y domicilio.

A diferencia de las personas físicas y jurídicas, nuestro ordenamiento jurídico no considera a los **animales** sujetos de derecho. Se considera que los animales no tienen capacidad cognitiva de distinguir el bien del mal, y al no poder exigirles responsabilidades de ningún tipo, tampoco se les pueden conferir derechos y obligaciones. Sin embargo, este argumento no parece suficiente para los defensores de los animales, los cuales consideran que a un recién nacido o incapaz tampoco se le puede atribuir ninguna responsabilidad, y aun así goza de derechos desde el momento en que nace.

Sin llegar a equiparar los derechos de los animales a los de una persona física, el derecho vigente ha ido incrementando la protección de los animales frente a la tortura y el maltrato, ya que los animales están en una situación de vulnerabilidad mayor que el hombre, y el derecho, en cualquier relación jurídica, debe proteger a la parte más débil. En este sentido, desde 2015 la nueva regulación del Código Penal condena el maltrato animal con penas de tres meses y un día a un año de prisión, y hasta una pena de pena seis o dieciocho meses de prisión si se hubiese causado la muerte al animal. El legislador, además, ha querido proteger el abandono animal, cuestión que estaba relativamente desprotegida anteriormente. Así, el Código Penal actual establece que el que abandone a un animal de manera que pueda peligrar la vida de este será castigado con una pena de multa de uno a seis meses.

2.1. El acto jurídico

Una norma jurídica puede regular un hecho jurídico o bien un acto jurídico. La diferencia consiste en que un acto jurídico deriva de una actividad humana y un hecho jurídico, no. Concretamente, un **hecho jurídico** se puede definir como todo acontecimiento natural, que no viene producido por una conducta humana. Por ejemplo, la muerte de una persona es un hecho jurídico, pues la ley prevé que se ponga en marcha el mecanismo hereditario. Igualmente sería un hecho jurídico la situación que regula el artículo 1575 del CC, el cual concede al arrendatario el derecho a que el arrendador le rebaje la renta en caso de pérdida de más de la mitad de los frutos por casos fortuitos extraordinarios e imprevistos, entre los que se incluyen inundaciones, plagas de langosta y terremotos. Por su contenido, los hechos jurídicos se pueden dividir en **positivos**, cuando existe un acontecimiento que debe ocurrir o conducta a realizar, y **negativos**, cuando hay una falta del acontecimiento u omisión de una conducta.

En cambio, un **acto jurídico** se produce a raíz de una acción humana, y requiere que una persona efectúe una de las conductas tipificadas en el ordenamiento jurídico.

Un **negocio jurídico** es todo acto derivado de una o diversas declaraciones de voluntad encaminadas a conseguir una finalidad reconocida por el ordenamiento jurídico, y que producen un efecto jurídico determinado. El derecho reconoce muchos negocios jurídicos en su ordenamiento jurídico, siempre describiendo los límites y requisitos que deben cumplir para que sean lícitos. Por ejemplo, las declaraciones de voluntad que hacen los contratantes en la compraventa, las declaraciones de voluntad que hacen los cónyuges al contraer matrimonio o las declaraciones de voluntad que hace el testador al otorgar testamento. De hecho, la mayoría de las relaciones jurídicas contienen algún negocio jurídico, aunque cada uno de ellos tiene objetivos y fines distintos. Por ejemplo, el testamento y el contrato de arrendamiento son ambos negocios jurídicos, pero tienen características muy distintas. Por un lado, el contrato en sí es un negocio bilateral o plurilateral que está formado por al menos dos declaraciones de voluntad, y los requisitos se encuentran regulados en los artículos 1254 y 1255 del CC. En cambio, el testamento es una declaración unilateral de una persona que decide poner todos o parte de sus bienes a disposición de otra persona después de su muerte, en los términos que precisa el artículo 667 del CC. Por lo tanto, la disparidad de estos negocios jurídicos demuestra que sería realmente difícil establecer un trato unitario y general para todos los negocios jurídicos que prevé el derecho.

Por lo tanto, el negocio jurídico se forma al reunirse todos sus elementos. Por ejemplo, el contrato de compraventa se forma con el consentimiento de comprador y vendedor sobre la cosa y el precio; en cambio, el testamento no produce efectos hasta que fallezca el testador.

2.2. Derechos y obligaciones

El derecho regula derechos y obligaciones. La persona a la que se le reconoce un derecho se llama *sujeto activo*, mientras que el *sujeto pasivo* será el que deberá cumplir con una determinada obligación. También se puede hablar de «terceros», que son los sujetos ajenos a la situación jurídica, pero que en ocasiones también se pueden ver indirectamente vinculados a determinados derechos y obligaciones.

En cuanto a los **derechos**, estos también pueden derivar de los contratos. Por ejemplo, en un contrato de compraventa, el comprador tiene derecho a negarse a recibir su mercancía de forma parcial, siempre que en el contrato estuviese aclarado que la mercancía se debe recibir completa y de una vez, entre otros derechos.

Además de los derechos que se estipulan en los contratos, hay derechos que derivan de la propia Constitución. En cuanto a los derechos relativos a la esfera corporal o física de la persona, destacan el **derecho a la vida** y el **derecho a la integridad física**, que son bienes básicos y esenciales de toda persona. Se encuentran regulados en el artículo 15 de la Constitución española, que establece que «todos tienen derecho a la vida y a la integridad física y moral, sin que, en ningún caso, puedan ser sometidos a tortura ni a penas o tratos inhumanos o degradantes. Queda abolida la pena de muerte, salvo lo que puedan disponer las leyes penales». También el Código Penal tipifica delitos contra la vida, que incluyen el homicidio, el asesinato o la inducción al suicidio, así como delitos contra la integridad física, como el delito de lesiones.

Por lo que respeta a los derechos relativos a la esfera espiritual, destacan los siguientes: en primer lugar, el **derecho a la libertad personal** consiste en que una persona tiene derecho a no ser detenida, retenida o encarcelada arbitrariamente. Se encuentra regulado en el artículo 17 de la Constitución, y su violación está tipificada en el CC y en algunos supuestos también por el Código Penal (por ejemplo, el delito de secuestro). Además de este derecho general a la libertad, la Constitución prevé, asimismo, una serie de libertades fundamentales, políticas o ideológicas, como la libertad religiosa, la de asociación, la de prensa, la de reunión, y una serie de libertades de derecho privado, como la libertad de residencia, la de correspondencia, la libertad matrimonial, contractual y comercial, la de trabajo, etc. En segundo lugar, el **derecho al honor** está previsto en el artículo 18 de la Constitución y tiene que ver con la acepción social. Las ofensas contra el honor también se encuentran tipificadas en el Código Penal, en forma de delitos de injuria y calumnia. Además del derecho al honor, el artículo 18 de la Constitución incluye el **derecho a la intimidad personal y familiar**, aunque no siempre es fácil determinar lo que el legislador entiende por «intimidad». De hecho, si comparamos este derecho con el equivalente en otras legislaciones, nos damos cuenta de que en Italia se habla de *riservatezza*; en Francia *de vie privée*; en el Reino Unido y otros países anglosajones de *privacy* y de *right to be alone*, y en Alemania de *Recht auf der eigenen Sphäre* o *Privatsphäre*. Por lo tanto, no es fácil determinar qué incluye el derecho a la intimidad, ya que es un concepto muy amplio. Eso sí, la numerosa jurisprudencia del Tribunal Constitucional ha confirmado que quedaría protegida la vida familiar (filiación, matrimonio, divorcio), la vida amorosa, la imagen, los recursos económicos (secreto bancario), los impuestos que se pagan, las aficiones, la vida profesional y la salud por lo menos. La intimidad se ve vulnerada cuando se sufren intromisiones ilegítimas a la vida de una persona, ya sea mediante el empleo de aparatos de escucha o filmación para captar la vida íntima de una persona y sus manifestaciones privadas, la divulgación de su correspondencia o escritos reservados, ya sea la violación de las comunicaciones telefónicas por medio de aparatos de escucha o de cualquier otro medio para grabar o reproducir la vida íntima de la persona. En este sentido, existe también la Ley Orgánica 3/2018, de 5 de diciembre, de Protección de Datos Personales y garantía de los derechos digitales, uno de cuyos objetivos principales es proteger el honor y la intimidad de las personas. Además, el artículo 18 de la Constitución garantiza también el **derecho a la propia imagen**, que se encuentra íntimamente ligado al derecho a la intimidad. Este derecho permite a una persona oponerse a la difusión de la propia imagen por otro, o a la facultad de reproducirla, exponerla, publicarla y comerciar con ella sin autorización de la persona afectada. Entre las intromisiones ilegítimas que violan este derecho, estarían el empleo de aparatos de filmación que capten la imagen de la persona o que la muestre o reproduzca en el medio que sea. Sin embargo, la ley limita este derecho a aquellas personas que ejerzan un cargo público o una profesión de notoriedad o proyección pública, y siempre que la captación de la imagen se realice en un lugar público. El principal debate recae en encontrar el equilibro entre estos derechos del artículo 18 de la Constitución y el derecho que prevé el artículo 20, que regula la libertad de expresión. La libertad de expresión viene íntimamente ligada al **derecho moral de autor**, que consiste en que el autor tiene una propiedad sobre su obra. La protección de la creación intelectual se encuentra también protegida por el Real Decreto Legislativo 1/1996, de 12 de abril, por el que se aprueba el texto refundido de la Ley de Propiedad Intelectual, regularizando, aclarando y armonizando las disposiciones legales vigentes sobre la materia.

En cuanto a las **obligaciones**, estas se definen, en términos generales, como una exigencia establecida por la moral, la ley o la autoridad. En el ámbito jurídico, la obligación es un vínculo jurídico por virtud del cual una persona (deudor) es constreñida frente a otra (acreedor) a realizar una determinada prestación. Por ejemplo, en un contrato de compraventa, el vendedor está obligado a conservar y hacer custodia de la cosa que se vende en un estado perfecto. El vendedor, además, está obligado a ofrecer garantías o saneamiento por evicción y vicios ocultos. En cuanto a las obligaciones del comprador, este está obligado a pagar el precio en el tiempo y lugar fijados por contrato, por ejemplo.

La obligación es, pues, un deber jurídico, legalmente establecido, de realizar u omitir un acto determinado. El incumplimiento de una obligación puede suponer como consecuencia una sanción coactiva, es decir, un castigo que puede derivar en un acto de fuerza física organizada.

En derecho privado, una obligación se extingue por el acuerdo de las partes interesadas, por la solución o el pago efectivo, por la novación, por la transacción, por la remisión, por la compensación, por la pérdida de la cosa que se debe, por la declaración de nulidad o por la rescisión, por el evento de la condición resolutoria o por la prescripción.

2.3. El contrato como instrumento de actuación en el tráfico económico

El **contrato** es una de las figuras más importantes de nuestro ordenamiento jurídico, ya que sin él no sería posible vivir en sociedad. Se trata de una promesa consensuada de que una parte o ambas llevarán a cabo una conducta que es exigible en derecho como obligación (ya que hay muchas promesas en la vida social que no tienen carácter obligatorio jurídicamente, como la promesa de contraer matrimonio o acudir a una cena). Así, el CC define el contrato como aquella institución en que «una o varias personas consienten en obligarse, respecto de otra u otras, a dar alguna cosa o prestar algún servicio».

Para que exista un contrato deben cumplirse cinco **requisitos**: en primer lugar, es necesario que el contrato describa un intercambio que pueda ser valorable en dinero (aunque no se requiere que el objeto tenga carácter patrimonial). Por eso, muchos de los compromisos que realizamos en nuestro día a día no son considerados contratos. Por ejemplo, cuando nuestra madre nos pide que la ayudemos a preparar la cena o que ordenemos la habitación. En segundo lugar, es importante que las partes, además de obligarse, tengan presente que el compromiso puede ser reclamado judicialmente por la otra parte. En tercer lugar, es necesario que el consentimiento recaiga sobre un objeto determinado o determinable. En cuarto lugar, la obligación se inicia a partir de que las partes consienten seriamente, y ese consentimiento deviene irrevocable. Finalmente, la promesa debe tener una causa justa.

a. Perfección, cumplimiento y consumación

Un contrato es **perfecto** cuando existe consentimiento entre las partes sobre el objeto y sobre la causa. A partir de ese momento, las partes quedan obligadas y se entiende que un contrato llega a su perfección, a pesar de que aún no se haya ejecutado. No se requiere una forma específica de documentación, ni siquiera es imprescindible la firma de las partes, aunque los contratos verbales son normalmente muy difíciles de probar.

Así, los contratos se perfeccionan por el consentimiento. Por eso, un contrato de compraventa existe aún antes de que se entregue el producto y se pague el precio. A partir de que hay compromiso serio, los contratantes ya no pueden desistir, sin importar que aún no hayan cumplido con sus obligaciones. Cuando las respectivas prestaciones se ejecutan, se considera que el contrato está **consumado**.

Sin embargo, existen algunas excepciones a esta norma general, como, por ejemplo, los contratos que se llevan a cabo en un supermercado. Aunque en otro tipo de negocio jurídico se podría entender que el contrato es perfecto desde el momento en que el cliente pone el producto en la cesta en la cinta de la caja, para este tipo de contratos se entiende que se perfeccionan solo en el momento en que el cliente paga el producto.

Gracias al rápido progreso tecnológico, cada vez es más común que exista consentimiento en **contratos entre ausentes**. Son contratos entre ausentes los que se concluyen por canales de comunicación que impiden que se produzcan de forma simultánea la oferta y la aceptación. Las partes pueden estar físicamente ausentes, mientras estas estén jurídicamente presentes. Por ejemplo, los casos de contratación telefónica o contratación por Internet son supuestos claros de contratos entre ausentes. El consentimiento se producirá cuando la aceptación de una de las partes (el destinatario) llegue al espacio físico o virtual de dominio de la otra parte (el oferente) —por ejemplo, su domicilio, su oficina, o su servidor de correo electrónico—, a pesar de que este último aún no haya tenido conocimiento efectivo de su contenido.

Eso sí, para que haya perfección del contrato, el contenido obligatorio de la declaración de una parte debe coincidir con el de la otra. Es lo que se llama **la regla del espejo**. Según esta regla, si lo que propone uno y otro no es lo mismo en cuanto a precio y condiciones, no existirá contrato, sino que se considerará que el último está haciendo una contraoferta que el oferente deberá aceptar o rechazar.

Finalmente, hay que destacar que, como norma general, el silencio de una de las partes no se traduce en aceptación. Solo de manera excepcional, el silencio equivale a aceptación si existe buena fe y motivos suficientes para reconocer que ese silencio equivale a una confirmación de la oferta. Normalmente esto ocurrirá en relaciones comerciales continuadas entre las mismas partes, cuando la conducta precedente de las partes permite inferir que también en este caso el silencio significa aceptación, porque una de las partes lleva ya tiempo realizando la misma conducta, que la otra parte no desconoce y, por lo tanto, acepta tácitamente. Por ejemplo, esto ocurre en los casos de suscripción continuada de los servicios de Amazon Prime, Netflix, etc.

b. Contenido del contrato

Las partes acuerdan las cláusulas del contrato según crean conveniente, normalmente sin tener que sujetarse a las normas supletorias que haya previsto el legislador para el tipo de contrato concreto. No obstante, hay normas que sí son imperativas y prevalecerán respecto a una cláusula del contrato que prevea otra cosa. Por ejemplo, según la Ley de Arrendamientos Urbanos (LAU), la duración del arrendamiento de vivienda habitual es de un mínimo de tres años, independientemente de lo que prevea el contrato que hayan concluido las partes.

Además, el contenido de los contratos no solo obligará a las partes que lo concluyen, sino también a los herederos en caso de que una de las partes fallezca. Además, la ley permite que un tercero subrogue en la posición contractual de una de las partes firmantes si este subrogado obtiene el objeto del contrato o paga a una de las partes. Por ejemplo, si el banco embarga un piso que está arrendado, se convierte automáticamente en arrendador.

El principio de *pacta sunt servanda* consiste en que las obligaciones que derivan de un contrato no pueden dejar de serlo por la decisión de una de las partes. Ninguna de las partes puede salir del contrato o desistir de él por voluntad propia y sin contar con el acuerdo de la otra parte, a no ser que la ley o el propio contrato lo permitan. Esto es posible en aquellos contratos en los que no se ha acordado una duración determinada. Por ejemplo, en contratos de trabajo fijo o indefinido, la finalización del contrato se dará si una de las partes (empresa o trabajador) así lo decide. La ventaja para el trabajador es que si la empresa finaliza el contrato deberá indemnizar económicamente al trabajador (indemnización de veinte días por año si hay despido objetivo, y treinta y tres días por año si se trata de despido improcedente). En cambio, si la finalización es por baja voluntaria del trabajador, este no tendrá derecho a indemnización ni acceso a las prestaciones por desempleo.

Aunque las partes podrán elegir libremente las cláusulas que se incluyen en un contrato, existen ciertos límites, sobre todo para las empresas que en ocasiones se aprovechan de su poder para añadir disposiciones que pueden desfavorecer substancialmente a la otra parte. Se trata de las llamadas **cláusulas abusivas**, que la ley considerará nulas, aunque ya hayan sido firmadas en el contrato, por ser contrarias a la buena fe, puesto que producen un desequilibrio de los derechos y obligaciones de las partes.

Finalmente, el contenido de los contratos no siempre es claro, y a veces requiere de **interpretación**. Cuando hay conflicto a la hora de interpretar alguna de las disposiciones, se dará prioridad a la interpretación que no favorezca a la parte que ocasionó la oscuridad. En caso de que haya igualdad de condiciones, se dará preferencia a la interpretación más favorable al deudor. Si hay una contradicción entre cláusulas «generales» y cláusulas «especiales», estas últimas prevalecen.

c. Vicios de consentimiento en un contrato

Muchas veces, aunque las partes hayan firmado el contrato con los respectivos derechos y obligaciones, en un momento posterior puede ocurrir que una de las partes se dé cuenta que lo que ha firmado no corresponde con la realidad de lo que ha recibido. En estos casos se considera que se ha producido un vicio de consentimiento, que puede tratarse de simulación, error, dolo o intimidación.

La **simulación** consiste en que las partes acuerdan obligarse de un modo que realmente no desean, bien porque no aceptan ninguna de las obligaciones que manifiestan —simulación absoluta— o porque en realidad quieren llevar a cabo un negocio jurídico distinto —simulación relativa. La intención de la simulación es engañar a terceros, y muchas veces también pretende proteger de manera lícita riesgos externos. Si se descubre una simulación, ese contrato se considerará nulo. Por ejemplo, sería una simulación la típica donación de padres a hijos encubierta bajo la escritura pública de compraventa para así pagar menos impuestos.

El **error** se da cuando una de las partes decide anular el contrato porque considera que hay una o varias de las condiciones que no se ha cumplido. Se permite anular por error dentro de los cuatro años desde la consumación del contrato. Sin embargo, las pretensiones anulatorias normalmente fracasan porque se entiende que las partes deben soportar el riesgo de sus propios errores, salvo en casos excepcionales.

El **dolo** se considera un tipo agravado del error, que se caracteriza por una conducta maliciosa de una de las partes contratantes, que conocía el error y no lo comunicó a la otra parte. En el momento de firmar un contrato, se entiende que ambas partes deben ser honestas y comunicar a la otra parte los posibles riesgos o defectos del producto o servicio que está contratando. Si el error se deriva del dolo, en este caso dará lugar a la nulidad del contrato, ya que ha habido mala fe de una de las partes, que no es merecedora de protección. La parte afectada tiene cuatro años desde la consumación del contrato para poder instar su anulación por dolo.

Finalmente, la **intimidación** consiste en concluir un contrato sin que exista libertad de ambas partes. Una de las partes contratantes ha firmado el contrato por miedo a sufrir un mal inminente y grave hacia su persona o familia si no lo hace. Este es el típico caso de soborno, que supondría la nulidad automática del contrato.

d. Causas de ineficacia de un contrato

Anteriormente se ha analizado la ineficacia de los actos jurídicos en general. Este apartado examina las causas de ineficacia específicamente en el contrato. Un contrato puede convertirse en ineficaz por distintas causas. Cuando la ineficacia se produce en un momento **inicial**, los motivos son fundamentalmente tres: o bien es un contrato nulo, o bien es anulable, o simplemente falta un requisito indispensable en el contrato. Un contrato **nulo** es automáticamente ineficaz, y por ello puede impugnarse por cualquiera de las partes que tenga un interés legítimo en la ineficacia, siempre dentro del plazo de prescripción de quince años. Las causas de nulidad son las siguientes: *i*) el contrato tiene un objeto o causa ilícita; *ii*) el contrato es simulado; *iii*) una de las partes contratantes es incapaz, y *iv*) cuando repercute sobre un bien común sin que hayan participado todas las partes implicadas.

También se considerará ineficaz un contrato **anulable**, siempre que se haya iniciado una acción para impugnarlo dentro de los cuatro años siguientes. Las causas de anulación de un contrato pueden ser varias. Puede anularse un contrato que haya sido celebrado por menores o discapacitados sin la debida representación legal. También se podrán anular aquellos contratos celebrados bajo error esencial y excusable. Del mismo modo, si el contrato ha sido acordado con dolo o intimidación de una de las partes también será anulable.

Otro ejemplo de contrato anulable es aquel celebrado por padres o tutores cuando no cuentan con la autorización judicial necesaria.

Finalmente, la ineficacia de un contrato también puede darse cuando a este le falta un **requisito esencial**, ya sea el objeto, la causa, la identificación de las partes, etc. En ese caso se considerará que el contrato está incompleto, y por lo tanto no puede subsistir.

Aun si no se da ninguna de estas causas, un contrato puede llegar a ser ineficaz a pesar de que inicialmente sea válido, por alguna situación que se produzca en un momento **posterior**. Las causas pueden ser muchas. Una de ellas sería cuando se resuelve un contrato por parte del acreedor como consecuencia de un incumplimiento grave del deudor. En este caso, además, el acreedor podría exigir la indemnización de los daños causados por tal incumplimiento. Otro ejemplo de ineficacia posterior sería cuando se resuelve el contrato por un contratante como consecuencia de la desaparición sobrevenida de la causa. Igualmente, si una parte puede rescindir el contrato y, por lo tanto, convertirlo en ineficaz si se ha celebrado en fraude de acreedores. Esta acción dura cuatro años desde que se realizó el acto fraudulento. Finalmente, se considerará ineficaz un contrato en el que una de las partes desiste voluntariamente. Sin embargo, un deudor no puede desistir de un contrato que le obliga si no lo consiente el acreedor (salvo que sea un contrato de duración indeterminada, tal y como se ha mencionado anteriormente).

3. Las ramas del derecho

3.1. Derecho público y derecho privado

En derecho se pueden distinguir diferentes grupos o conjuntos de normas según el sector al que pertenecen. Así, todas ellas se apoyan en los principios comunes que proporcionan coherencia interna, pero manteniendo cada sector su propia autonomía individual en cuanto a métodos normativos. Estas peculiaridades en la regulación de las ramas del derecho se explican porque cada ámbito prevé conductas sociales diferentes, que exigen un tratamiento normativo específico para adecuarse a la situación dentro de la vida social.

Hay muchas formas de clasificar las ramas del derecho, pero la más habitual es la que diferencia el derecho público del derecho privado. El **derecho** público se caracteriza porque regula situaciones en las que interviene el estado. Concretamente, las normas de derecho público establecen reglas de organización y actividad del estado, así como de los entes públicos en general, y las relaciones entre entidades públicas y particulares. El derecho público es, por lo tanto, aquel que regla las relaciones en las que participa un organismo público, que puede ser un ayuntamiento, un hospital o escuela pública, la Generalitat de Cataluña, etc. Algunas áreas de derecho público son el derecho constitucional, el derecho internacional público, el derecho europeo, el derecho administrativo, el derecho penal y el derecho tributario.

En cambio, el **derecho privado** es el que regula relaciones entre particulares (entes privados), es decir, aquellas en que ninguna de las partes goza de poder estatal. Algunas áreas de derecho privado son el derecho civil, el derecho mercantil y el derecho procesal civil.

Por ejemplo, una relación entre un comprador y un vendedor, o entre un arrendador y un arrendatario, son normalmente parte del derecho privado. No obstante, un ente público también puede entablar relaciones de derecho privado con particulares, siempre que no actúe en su condición de organismo público. Por ejemplo, un ayuntamiento puede alquilar un nuevo local para ampliar su departamento de medio ambiente. En este caso, el contrato de arrendamiento se basaría en normas de derecho privado, aunque una de las partes sea un organismo de derecho público.

En ocasiones, las relaciones entre particulares se consideran de gran relevancia para la sociedad, y, por lo tanto, el legislador decide que van a ser de cumplimiento obligatorio también en derecho público. Por ejemplo, las obligaciones de los padres hacia los hijos, y en general del derecho de familia son imperativas, y, por lo tanto, no se deja a la voluntad de las personas la regulación de las relaciones de familia.

Durante el estado liberal del siglo XIX, esta diferenciación entre el derecho público y el derecho privado cobra gran importancia. En esa época nos encontramos con un creciente movimiento liberalista en el que se limita la actuación del estado para garantizar la libertad y autonomía del individuo. Este liberalismo conlleva la necesidad de delimitar las relaciones entre individuos de las acciones en las que intervenía el estado; es decir, la vida pública de la vida privada.

La distinción entre derecho público y derecho privado impera, sobre todo, en el modelo de derecho europeo continental. En cambio, en los países donde se aplica la *Common law* esta distinción es desconocida o poco reconocida, ya que la mayoría de las normas son de carácter jurisprudencial. Así, mientras que en el derecho anglosajón las cuestiones de derecho público y de derecho privado son resueltas indistintamente por los tribunales, en los países de derecho continental, según la materia, habrá un tribunal competente que resolverá el caso. Por ejemplo, si el objeto del litigio es una violación por parte de una administración pública, el tribunal que conocerá del caso será el contencioso-administrativo, mientras que si la violación es entre dos particulares cuando uno de ellos ha incumplido un contrato, el procedimiento será examinado en la sala de lo civil del juzgado competente.

Así pues, la diferencia más destacable entre estos dos grupos es que el derecho público está dirigido a servir intereses colectivos de la sociedad, mientras que el derecho privado se dedica a regular los intereses particulares. Sin embargo, a veces es difícil distinguir cuando un interés es colectivo o individual, ya que ambas categorías se encuentran íntimamente ligadas y, por ello, son comunes las colaboraciones entre entes públicos y privados. Por ejemplo, cuando una compañía recoge datos personales de sus clientes puede que su motivación inicial sea la de usarlos con propósitos comerciales de publicidad (interés privado), pero esos mismos datos también pueden ser usados por entes policiales para prevenir y combatir crímenes (interés colectivo).

Precisamente por la interrelación que existe hoy entre estos dos campos del derecho, que no se pueden considerar en absoluto como opuestos, pero más bien como complementarios en muchas de las relaciones jurídicas, esta división entre derecho privado y derecho público ha sido criticada. De hecho, hay opiniones que manifiestan que existe una tendencia paulatina a la invasión de los más variados sectores de la vida social por ese derecho público. Por ejemplo, en 2012 el Estado español rescató y nacionalizó la entidad bancaria Bankia, con una inyección de 19.000 millones de euros, para evitar que los activos deteriorados de la entidad conllevaran su quiebra.

En cualquier caso, calificar una actividad de derecho público o de derecho privado supone consecuencias importantes en la práctica. Un contrato privado entre dos particulares, por ejemplo, está sometido a la jurisdicción de los tribunales civiles y se rige por la legislación civil. En cambio, un contrato en que una de las partes es una entidad pública será, en cambio, un contrato de derecho público, y las reclamaciones que de él deriven estarán sujetas a un procedimiento especial, de carácter administrativo.

3.2 Nueva rama del derecho: el derecho de las nuevas tecnologías

Debido al gran *boom* de las nuevas tecnologías, el derecho ha necesitado establecer normas para la utilización de estas conforme a la legalidad y a las buenas prácticas. El incremento del uso de Internet y las redes telemáticas ha facilitado enormemente el hecho de poder obtener o enviar información a cualquier parte del mundo, permitiendo las comunicaciones con personas muy lejanas y acceder a una amplísima gama de información.

Además, la revolución tecnológica del siglo xxi permite a los individuos llevar a cabo transacciones comerciales y financieras en línea, sin tener que desplazarse o acudir a determinadas entidades. Lo mismo ocurre con las compras, que ya se pueden realizar electrónicamente, ahorrando tiempo y esfuerzo. Pero frente a estas comodidades, existe una nueva rama del derecho, que busca precisamente hacer frente a las nuevas tecnologías, ya que todos estos actos jurídicos en línea también pueden dar lugar a litigios. En los últimos años, el jurista se ha detenido a reflexionar y comprender cuál puede ser el mejor uso para las nuevas tecnologías, partiendo del principio de la justicia. El derecho de las nuevas tecnologías o derecho digital no puede enmarcarse en las categorías de derecho público o privado, ya que es de carácter transversal. Dependerá de si las actividades de recogida y tratamiento de datos se ha realizado por un ente público con finalidades colectivas (por ejemplo, la recogida de datos mediante cámaras de videovigilancia), o bien por un ente privado con fines puramente comerciales. De todos modos, las normas tratan de respetar, también, los principios de libertad, democracia, derecho de la información y privacidad, considerando el gran volumen de datos que se recogen y que se deben proteger mediante las actividades que se pueden realizar electrónicamente.

Así pues, los principales debates en cuanto al derecho de las nuevas tecnologías tienen que ver con estos tres ámbitos: *1*) proteger la información y el acceso a ella, de manera que su uso cumpla con unos principios básicos basados en la justicia y la buena fe; *2*) hacer frente al creciente número de delitos que se han consolidado sobre la base del uso de las nuevas tecnologías y que van ligados a violaciones del derecho a la privacidad, la intimidad, etc., y *3*) proteger la producción intelectual, los derechos de autor, limitando el acceso a información gratuita en contra de la voluntad de su autor.

Tema 2. La regulación de internet

1. Orígenes y evolución de las nuevas tecnologías

1.1. Orígenes

Los orígenes de Internet se remontan a 1962. Durante ese año se comenzó a plantear la necesidad de conectar diferentes ordenadores para que la sociedad pudiera tener un acceso rápido a la información. En 1964, investigadores del Instituto Tecnológico de Massachusetts (MIT) publicaron el primer artículo científico acerca de la teoría de la conmutación de paquetes, que se trataba de un sistema de transmisión en la fragmentación de esta información en pequeñas partes. Hasta entonces solo se había llegado a conseguir una conmutación de circuitos, que se trataba de un circuito fijo entre emisor y receptor; por lo tanto, esa teoría fue el inicio de un paso muy importante en la creación de Internet.

En los años setenta se crea la Red de la Agencia de Proyectos de Investigación Avanzada (en adelante, **ARPANET**). ARPANET fue una de las primeras redes de conmutación de paquetes y la primera red en implementar el conjunto de protocolos TCP/IP, que permitían establecer comunicaciones generales entre usuarios desde diferentes ordenadores. ARPANET entró en funcionamiento en 1972, y una de las primeras cosas que logró fue modificar el protocolo NCP (*Network Control Protocol*), que se usaba anteriormente, por el TCP/IP (*Transfer Control Protocol/Internet Protocol*). Originalmente este nuevo protocolo interconectaba solo cuatro universidades (UCLA, Stanford, Santa Barbara y Utah), entre las cuales se empezó a investigar la creación del correo electrónico.

En los años ochenta se instauró la filosofía inicial de Internet, que se basaba en los protocolos **TCP/IP** como lenguaje web y tenía como objetivo compartir el libre flujo de información entre los usuarios de la red. No tenía sentido poner restricciones con respecto al acceso y la seguridad, y por ello no existían, en un primer momento, las medidas de seguridad predeterminadas. Además, se establecieron **cuatro principios básicos** de los protocolos TCP/IP:

1. Cada red debería funcionar por sí misma.
2. Las comunicaciones se realizarían sobre la base de la técnica de «mejor esfuerzo», es decir, si un paquete no llegaba a su destino, sería reenviado.
3. Los enrutadores se utilizarían para conectar redes.
4. No habría control general de las operaciones.

A finales de los ochenta, se desarrollaron nuevas aplicaciones sobre protocolos, como por ejemplo el **WWW**. Las siglas WWW vienen de la expresión *World Wide Web*, y la base de este servicio fue el protocolo HTTP (*HyperText Transfer Protocol*). Este protocolo permite el acceso a la información a través de documentos de hipertexto (páginas web) mediante un navegador. Los **navegadores** tienen un sistema de almacenamiento de páginas web para reducir el número de transmisiones en caso de que continúe el acceso a la misma página. Esta información se almacena en lo que se conoce como *caché*. El protocolo HTTP va más allá y permite que los intermediarios, llamados servidores *proxy*, incluidos los servidores web y los navegadores, almacenen los sitios web más visitados. Así, si dos usuarios de una organización visitan el mismo sitio web, solo la primera conexión buscará información en Internet, mientras que, si se conecta un segundo usuario, este puede aprovechar la información ya almacenada en el servidor intermediario.

1.2 Internet de las cosas

La tecnología del Internet de las cosas (IoT, por sus siglas en inglés) se ha situado a la vanguardia de las futuras aplicaciones digitales desde ya hace más de una década. En 2008, el Internet de las personas empezó a verse remplazado por el Internet de las cosas. Las «cosas» pueden referirse a una amplia variedad de dispositivos, como luces de la calle con etiquetas de identificación, sensores de ubicación de transporte, monitores de frecuencia cardíaca y ayudas operativas para la industria. Cada vez es más frecuente tener en casa electrodomésticos inteligentes o viajar en automóviles conectados a Internet. Se ha argumentado que el IoT pronto se convertirá en la tecnología ubicua por excelencia.[1]

En 2021, Europa tenía 812 millones de suscripciones de teléfonos móviles,[2] lo que supera el número de la población. El uso mensual promedio de datos móviles por teléfono inteligente en Europa superó los 25 gigabytes[3] y se estima que se triplicará para 2027: se espera que el mercado de IoT empresarial crezca un 22% anual a 525 mil millones de dólares en 2027, de los 157,9 mil millones de dólares que se han invertido en 2021, según el panel de gastos empresariales de IoT global de IoT Analytics.

Este aumento no se puede lograr sin la adopción de tecnologías 5G, 6G y posteriores, que también forman la columna vertebral del Internet de las cosas (IoT). El potencial del IoT proviene de la combinación de diferentes arquitecturas de *hardware* (sensores, teléfonos inteligentes, dispositivos portátiles, etc.) y *software*, y posee un enorme potencial en los sectores de industria 4.0 y las fábricas del futuro. En la práctica, esto significa más recopilación, transferencia y uso de datos, lo que supera rápidamente las capacidades de transferencia de datos de las tecnologías de redes de comunicaciones móviles actuales.

Cada vez son más los procesos basados en tecnologías emergentes, que generan grandes cantidades de datos. Los datos son hoy en día un componente clave para servicios nuevos e innovadores, ya que estos pueden ayudar a mejorar los productos o los procesos de producción y también apoyar en la toma de decisiones. El IoT se puede definir, pues, como la interconexión en red de dispositivos físicos, vehículos (también denominados «dispositivos conectados» y «dispositivos inteligentes»), edificios y otros elementos integrados con sistemas electrónicos, *software*, sensores y la red. Su conectividad permite a estos objetos recopilar e intercambiar datos. El usuario puede detectar o controlar de forma remota estos objetos a través de la infraestructura de red existente, creando oportunidades para una integración más directa del mundo físico en los sistemas basados en ordenadores y dando como resultado una mayor eficiencia, precisión y beneficio económico, reduciendo la intervención humana.

La tecnología del IoT promete revolucionar una amplia gama de aplicaciones en básicamente todos los **ámbitos de la vida**, desde la educación y la salud hasta la agricultura y la industria aeronáutica. Si bien se ha prestado mucha atención a las aplicaciones del IoT para empresas y compañías privadas,[4] pocas son las investigaciones sobre las formas en que el IoT está generando impactos **económicos, sociales y educativos positivos**, transformando nuestras sociedades, el medio ambiente, el aprendizaje en centros/instituciones educativas y las relaciones entre las personas. Al incrementar el uso del IoT, la tecnología se convierte en un elemento más del día a día del ser humano, abarcando tecnologías como redes inteligentes, plantas de energía virtuales, hogares inteligentes (dispositivos domésticos inteligentes como aspiradoras robóticas, hornos o refrigeradores, congeladores que usan Wi-Fi para monitoreo remoto, calefacción con termostato inteligente, etc.), transporte y ciudades inteligentes. Cada objeto o servicio es identificable de forma única a través de su sistema informático integrado, pero puede interoperar dentro de la infraestructura de Internet existente.

En 2020 el IoT ya abarca unos treinta mil millones de objetos. Ofrece una conectividad avanzada de dispositivos, sistemas y servicios que va más allá de las comunicaciones de máquina a máquina (M2M) y cubre una variedad de protocolos, dominios y aplicaciones. La interconexión de estos dispositivos integrados (incluidos los objetos inteligentes) ha marcado el comienzo de la automatización en casi todos los campos, al tiempo que permite aplicaciones avanzadas como una red inteligente y se expande a áreas como las ciu-

---

1 Miranda, J. et al. (2015), «From the Internet of Things to the Internet of People», *IEEE Internet Computing*, Volume: 19, Issue: 2, Mar.-Apr. 2015, pp. 40-47.
2 https://www.statista.com/statistics/496125/global-mobile-subscriptions-by-region/
3 https://www.statista.com/statistics/1100854/global-mobile-data-usage-2024/
4 Por ejemplo, véase la plataforma IoT de la empresa IBM: https://www.ibm.com/cloud/get-started/iot-platform.

dades inteligentes. Cuando hablamos de «cosas», en el sentido del IoT, podemos referirnos a una amplia variedad de dispositivos como implantes de monitorización cardíaca, transpondedores de biochip en animales de granja, cámaras que transmiten imágenes en directo de animales salvajes en aguas costeras, automóviles con sensores incorporados, dispositivos de análisis de ADN para monitoreo ambiental o de alimentos, o dispositivos de operación de campo que ayudan a los bomberos en las operaciones de búsqueda y rescate. Por lo tanto, el Internet de las cosas se podría definir como una mezcla inextricable de *hardware*, *software*, datos y servicios.

En estos ámbitos de la vida, muchos de los **beneficios y desafíos** potenciales de aprovechar el IoT aún se desconocen. Por ejemplo, en cuanto a beneficios, hacer que los nuevos datos obtenidos por sistemas IoT a largo plazo y en tiempo real estén abiertos a gobiernos, proveedores de servicios y la sociedad civil puede crear oportunidades en el desarrollo de nuevos mercados digitales innovadores (nuevos productos y modelos de servicio); en la creación de sistemas de gestión para optimizar la provisión de servicios (infraestructura urbana), o en conseguir que los ciudadanos tengan una mayor participación cívica en la gobernanza (por ejemplo, en la toma de decisiones participativa para la planificación urbana).[5] Además, el Internet de las cosas ha proporcionado una creciente autonomía de las personas mayores y con discapacidades.

En cuanto a ejemplos de desafíos, una mala implementación de las iniciativas de ciudades inteligentes puede degradar los valores sociales centrales y causar un gran daño social.[6] También la obtención de resultados no éticos, el mal uso de datos sensibles y la posible violación de los derechos de privacidad de los ciudadanos son algunos riesgos. La conexión ininterrumpida a Internet de objetos y aparatos que llevamos puestos o que se encuentran a nuestro alrededor ha provocado una vigilancia permanente de las personas, tanto por parte de los gobiernos (por ejemplo, mediante cámaras de videovigilancia), como por compañías privadas (a través de los teléfonos inteligentes, los relojes de *fitness*, etc.).

La **privacidad** es, pues, una de las principales preocupaciones relacionadas con el procesamiento de datos mediante aplicaciones IoT. Son muchas las normas europeas que se han implementado por los estados miembros en este sentido (por ejemplo, la directiva de comercio electrónico o la directiva de privacidad electrónica). Sin embargo, algunas normas internacionales[7] o regulaciones de la UE[8] aún no están adaptadas completamente a los complejos desafíos planteados por el IoT. En este sentido, es importante destacar el reciente Reglamento General de Protección de Datos (RGPD) que empezó a ser operativo en mayo de 2018, y que debe regular la correcta utilización del IoT. Por ejemplo, para la obtención del consentimiento es clave que en el IoT adapten sus algoritmos de manera que los usuarios puedan especificar y controlar su consentimiento para el acceso a los datos o la transferencia de datos a diferentes responsables del tratamiento. Además, la tecnología IoT debe incorporar funcionalidades de privacidad por defecto y privacidad desde el diseño para poder ser conforme al RGPD.[9]

Además de los aspectos relacionados con la privacidad, hay otras preguntas éticas acerca del uso de las aplicaciones IoT. La ética se refiere al empleo de esta tecnología según unos estándares adecuados de conducta social. Por ejemplo, respecto a la **imparcialidad** de los modelos de negocio que se basan en el IoT, es un hecho que las empresas utilizan cada vez más los datos de *big data* y el análisis de datos para «entender» quiénes son sus clientes actuales o potenciales y qué es lo que podrían querer.[10] Aunque los metadatos pueden almacenarse de manera anónima, el proceso de reidentificación no es complicado y podría conllevar discriminaciones por parte de las empresas al consumidor según criterios como el género y los ingresos.

Así mismo, existen otras cuestiones éticas que resolver respecto a decisiones que se tomarán de manera automatizada por algoritmos, sin la interacción del ser humano. El comportamiento autónomo e impredeci-

5   Sengupta, Ulysses et al. (2017). «Sustainable Smart Cities: Applying Complexity Science to Achieve Urban Sustainability», *Policybrief n.12/2017*, United Nations University, Institute for the Advanced Study of Sustainability, p. 2.
6   Kitchin, R. (2014). «The real-time city? Big data and smart urbanism». *GeoJournal*, 79, pp. 1-14.
7   NIST [National Institute of Standards and Technology] (2016), «Framework for Cyber-Physical Systems», Release 1.0. Accesible en https://s3.amazonaws.com/nist-sgcps/ cpspwg/files/pwgglobal/CPS_PWG_Framework_for_Cyber_Physical_Systems_Release_1_0Final.pdf.
8   GDPR [General Data Protection Regulation] (2016). Regulation (EU) 2016/679 of the European Parliament and of the Council of 27 April 2016. http://ec.europa.eu/justice/data-protection/reform/files/regulation_oj_en.pdf.
9   Article 29 Data Protection Working Party (2014), «Opinion 8/2014 on the Recent Developments on the Internet of Things», 14/EN WP223 http://ec.europa.eu/justice/dataprotection/article29/documentation/opinionrecommendation/files/2014/wp223_en.pdf
10 De Montjoye, Y.-A., Radaelli, L., Singh, V.K., y Pentland, A.S. (2015), «Unique in the Shopping Mall: On the Reidentifiability of Credit Card Metadata», Research 347(6221): 536–539. https://doi.org/10.1126/science.1256297.

ble de los objetos interconectados puede interferir espontáneamente en acciones humanas de forma inesperada para los usuarios o los diseñadores. Las personas forman parte de los entornos del IoT junto con artefactos y dispositivos, creando así sistemas híbridos con comportamiento inesperado. El incremento en el desarrollo de sistemas IoT puede conllevar comportamientos emergentes sin que los usuarios comprendan completamente el entorno al que están expuestos.[11] Por ejemplo, imaginemos que un coche sin conductor humano tiene un accidente. ¿A quién se deberá culpar si la decisión ha sido tomada automáticamente sobre la base de un algoritmo? La respuesta debe analizarse desde un punto de vista ético y moral.

ACTIVIDAD 1. INTERNET DE LAS COSAS

Elige un dispositivo que forme parte de Internet de las cosas de esta lista: https://www.iotworldtoday.com/

1. Explica con tus propias palabras qué producto has elegido.
2. ¿Qué tipo de datos recoge?
3. ¿Cuáles son las principales preocupaciones que podrían surgir en el ámbito de protección de datos, derechos de autor, derechos del consumidor, transparencia en el uso de datos y transparencia de la información?
4. ¿Crees que el aparato integra suficientes medidas de seguridad de datos?

1.3 Regulación del contenido en la UE

Ya hace más de dos décadas que la Unión Europea (UE) adoptó leyes sobre temas como la propiedad intelectual, el comercio electrónico, la protección de datos y la privacidad, la protección del consumidor y el derecho penal. Hacia finales del siglo pasado, el número de usuarios de Internet comenzó a aumentar de manera espectacular, y por ello la UE empezó a ver el comercio electrónico como una herramienta fundamental para mantener la competitividad del mercado único. En este apartado se va a examinar la regulación vigente en la Unión Europea en el ámbito de las nuevas tecnologías e Internet.

La UE y los estados miembros tienen **competencias compartidas** para legislar aspectos relacionados con el ámbito de las nuevas tecnologías. Esto significa que tanto la UE como los estados miembros pueden legislar. Con el artículo 5 del Tratado de la Unión Europea (TUE), los estados miembros establecieron una salvaguardia para garantizar que la legislación de la UE tendría siempre una base jurídica adecuada, y que, si se adoptaba legislación en este ámbito, sería proporcionada al objetivo que se persiguiese y no infringiría el **principio de subsidiariedad**.

Los artículos 49 y 56 del Tratado de Funcionamiento de la Unión Europea (TFUE) establecen diferentes procedimientos para regular el ámbito de las tecnologías de la información, la propiedad intelectual, las telecomunicaciones e Internet. La base jurídica del mercado único, establecida en el artículo 114 del TFUE, es la base jurídica más utilizada en la UE, tanto en general como para diversas leyes que afectan a Internet. Sin embargo, existen límites en el uso de esta base, ya que no todo lo relativo al uso de Internet puede regularse en el artículo 114. Por ejemplo, en 1998 el Tribunal de Justicia de la Unión Europea (TJUE) emitió una sentencia sobre publicidad del tabaco en la que se dictaminó que el artículo 114 TFUE no podía utilizarse como base jurídica general en ausencia de otras bases.

La mayoría de los instrumentos jurídicos adoptados por la UE son en forma de directiva, ya que dejan margen suficiente a los estados miembros para implementar las medidas en la forma que ellos crean más conveniente, comprometiéndose solamente en su resultado. Sin embargo, a veces las diferencias existentes entre los estados miembros en la transposición de una directiva que regula el ámbito de las nuevas tecnologías e Internet ha sido controvertida. Por ejemplo, la antigua directiva de conservación de datos establecía que:

---

11 POPESCUL D., y GEORGESCU, M., «Internet Of Things – Some Ethical Issues», diciembre 2013.

> Las diferencias legales y técnicas entre disposiciones nacionales sobre conservación de datos con fines de prevención, investigación, detección y enjuiciamiento de delitos crean obstáculos en el mercado interior de las comunicaciones electrónicas; los prestadores de servicios deben cumplir requisitos diferentes en cuanto a los tipos de datos de tráfico y de localización que deben conservarse, así como en cuanto a las condiciones y los períodos de conservación.[12]

Se pueden encontrar otros ejemplos con este tipo de problemas en casi todas las directivas de la UE que afectan a la legislación sobre Internet.

Sin embargo, la UE, a diferencia de la mayoría de sus estados miembros, no cuenta con una política coherente acerca de la regulación del contenido de Internet. Esto es porque el marco legal para la protección de contenidos está dividido constitucionalmente entre la UE y los estados miembros.

En cuanto a la **libertad de expresión**, nos encontramos que, por un lado, está protegida constitucionalmente en el artículo 10 del Convenio Europeo de Derechos Humanos de 1950. Por otro lado, este mismo derecho se encuentra repetido en las constituciones de los estados miembros, y también el artículo 11 de la Carta de los Derechos Fundamentales de la Unión Europea de 2000 proporciona una protección similar. Así pues, la UE se declara comprometida con posibilitar el acceso a todos los contenidos de Internet con el fin de garantizar la libertad de expresión, aunque no lo protege constitucionalmente. En este sentido, la Agenda Digital 2010-2020 enumeraba una serie de acciones necesarias que podían interpretarse como un esfuerzo para reducir el control de los contenidos nacionales y abrir el acceso a los contenidos, reforzando la libertad de expresión.

Sin embargo, varios estados miembros han decidido limitar en sus legislaciones la libertad de expresión, si esta incita al odio racial. Se trata, en este caso, de **contenido ilegal y dañino**. La UE no tiene leyes que regulen directamente dicho contenido ilegal y dañino, pero sí participa en una serie de iniciativas y documentos de política de autorregulación que están destinados a tener un impacto en el contenido de Internet. Por ejemplo, en 1999 se adoptó un plan de acción para un Internet más seguro, que duró hasta 2004; en 2007 se creó el marco europeo para un uso móvil más seguro por parte de jóvenes adolescentes y niños; también se han publicado unos principios para reforzar la seguridad en las redes sociales, sobre todo cuando estas son usadas por niños. Se identifican delitos como la difamación, infracciones de propiedad intelectual o distribución de pornografía. En estos casos, existe responsabilidad por contenidos ilícitos y nocivos para aquellas redes sociales que hayan tenido la capacidad de entrar en contacto con la información, ya sea creándola, transmitiéndola o recibiéndola.

El sujeto que crea o comparte ese contenido ilegal cometerá un delito penal si este es material relacionado con la pornografía infantil, la falsificación y la piratería. En cambio, puede producirse una responsabilidad civil en los casos en que el perjudicado inicia una demanda por daños y perjuicios. Por ejemplo: *a)* un usuario que obtiene ilegalmente una copia de una película y la publica en Internet es el principal responsable de la infracción de derechos de autor, y *b)* un usuario que accede y almacena pornografía infantil es responsable de un delito penal. Además, los proveedores de servicios de Internet, como intermediarios de esas acciones, también pueden estar sujetos a acciones legales cuando otros publican contenido ilegal que se transmite o almacena en sus servidores.

2. Régimen jurídico de los servicios de la sociedad de la información, los servicios audiovisuales y los servicios de telecomunicación

Tal y como se analiza en este apartado, la UE ha adoptado normativa sobre telecomunicaciones, medios audiovisuales y sistema de servicios de la sociedad de la información.

---

12 Considerando 6 de la directiva 2006/24/CE del Parlamento Europeo y del Consejo de 15 de marzo de 2006 sobre la conservación de datos generados o tratados en relación con la prestación de servicios de comunicaciones electrónicas de acceso público o de redes públicas de comunicaciones y por la que se modifica la directiva 2002/58/CE, L 105 13.4.2006, p. 54.

2.1 Servicios de medios audiovisuales

¿Qué es un servicio de comunicación audiovisual? Se trata de un servicio imprescindible de interés económico general cuya misión es **difundir contenidos** para promover los principios y valores constitucionales, contribuir a la formación de una opinión pública plural, dar a conocer la diversidad cultural y lingüística de España y difundir el conocimiento y las artes, con especial énfasis sobre la promoción de la cultura audiovisual.

En un primer momento, la UE adoptó la directiva 2007/65/CE de servicios de medios audiovisuales, la cual se creó para la televisión por satélite y se caracterizó por permitir a los organismos de radiodifusión estar *a)* en pleno control editorial y *b)* retransmitir el contenido activamente a los espectadores. Esta directiva se derogó en mayo de 2010, reemplazándose por la directiva 2010/13/UE, que regulaba los servicios «a la carta», en los que *a)* los proveedores toman una decisión activa para decidir qué está disponible, pero *b)* los espectadores eligen qué quieren ver. La tendencia ahora es extenderlo al intercambio de vídeos mediante plataformas de redes sociales, donde *a)* no hay control editorial y *b)* los espectadores eligen qué ver. Por ello, hoy en día casi no hay similitud entre el propósito original de la directiva y lo que se está consumiendo ahora.

En 2018 se aprobó una nueva **Directiva de Servicios de Medios Audiovisuales** (en adelante directiva AVMS, por sus siglas en inglés).[13] Esta directiva sigue utilizando la misma definición de «servicio(s) de medios audiovisuales», que puede ser en forma de servicios en línea o no.[14] Por lo tanto, cualquier servicio que incluya un programa comparable a la radiodifusión televisiva puede ser tratado como un servicio de comunicación audiovisual. En este sentido, la directiva AVMS amplía su alcance a nuevos servicios, incluidas páginas web con catálogos de vídeos o canales profesionales en las redes sociales, pero con algunos límites según la sentencia C-132/17 de 21 de febrero de 2018.

La directiva AVMS también regula por primera vez el funcionamiento de las **plataformas de intercambio de vídeos**, que se definen como servicios cuyo propósito o función principal es ofrecer programas o vídeos generados por el usuario. El proveedor de la plataforma no tiene ninguna responsabilidad editorial. Las plataformas de intercambio de vídeos también estarán obligadas a aplicar las medidas adecuadas para proteger a los menores de contenido dañino y proteger a todas las audiencias contra incitaciones al odio o la violencia. Por último, la directiva AVMS regula que cada proveedor de plataforma, para compartir vídeos, está obligado a cumplir con los requisitos establecidos en la directiva con respecto a su propio contenido publicitario, y a tomar las medidas adecuadas para garantizar que los usuarios cumplan con estos requisitos (por ejemplo, insertar cláusulas en los términos y condiciones del servicio de verificación de edad, control parental y de declaración de contenido comercial en los videoclips que publican los usuarios).

Al tratarse de una directiva, los estados miembros pueden adoptar requisitos más estrictos para los proveedores de plataformas de intercambio de vídeos, si lo desean. En España se ha transpuesto la directiva con la adopción de **Ley General de Comunicación Audiovisual**,[15] que entró en vigor en julio de 2022.

2.2 Servicios digitales

A nivel europeo, los servicios digitales se regulan por la Ley de Servicios Digitales (DSA, por sus siglas en inglés), que se publicó en el Diario Oficial el 27 de octubre de 2022 y entró en vigor el 16 de noviembre de 2022. Los servicios digitales son aquellos que actúan como intermediarios en línea, como las plataformas de redes sociales, comercio electrónico, contenidos y aplicaciones. La DSA tiene los siguientes objetivos clave:

---

13 Directiva (UE) 2018/1808 del Parlamento Europeo y del Consejo, de 14 de noviembre de 2018, por la que se modifica la directiva 2010/13/UE sobre la coordinación de determinadas disposiciones legales, reglamentarias y administrativas de los estados miembros relativas a la prestación de servicios de comunicación audiovisual (directiva de servicios de comunicación audiovisual), habida cuenta de la evolución de las realidades del mercad, DOUE L 303, 28.11.2018, pp. 69-92.

14 Esto coincide con la interpretación que hizo el TJUE en la sentencia C-347/14 el 21 de octubre de 2015.

15 Ley 13/2022, de 7 de julio, General de Comunicación Audiovisual, «BOE» núm. 163, de 08/07/2022.

- Proteger a los consumidores y sus derechos fundamentales en línea, estableciendo normas claras y proporcionadas para prevenir y eliminar los contenidos ilícitos y nocivos.
- Favorecer la innovación, el crecimiento y la competitividad, creando un mercado único digital con un conjunto de normas armonizadas para todos los estados miembros.
- Reequilibrar los roles de los usuarios, las plataformas y las autoridades, situando a los ciudadanos en el centro y aumentando el control democrático y la supervisión de las plataformas sistémicas.
- Crear un entorno de plataformas en línea justo y abierto, limitando los abusos de posición dominante y fomentando la diversidad y la elección.

El DSA se aplica a diferentes tipos de proveedores de servicios digitales, según su papel, tamaño e impacto en el ecosistema en línea. Estos son algunos ejemplos:

- **Servicios de intermediación**, como los proveedores de acceso a Internet, los registradores de dominios o los servicios de almacenamiento en la nube. Estos servicios tienen las obligaciones básicas de cooperar con las autoridades, informar a los usuarios acerca de sus condiciones de uso y establecer mecanismos de notificación y acción.
- **Servicios de alojamiento**, como los servicios de alojamiento web, los servicios de correo electrónico o los servicios de mensajería en línea. Estos servicios tienen las obligaciones adicionales de actuar con diligencia ante las notificaciones de contenidos ilícitos, preservar la evidencia y verificar la identidad de los comerciantes en línea.
- **Plataformas en línea**, como los mercados en línea, las tiendas de aplicaciones, las plataformas de economía colaborativa o las plataformas de medios sociales. Estas plataformas tienen las obligaciones adicionales de informar a los usuarios acerca de los criterios de clasificación, moderación y publicidad de los contenidos, ofrecer opciones de recurso efectivas y contrarrestar los sistemas de valoración o reseña falsos o manipulados.
- **Plataformas en línea y motores de búsqueda de muy gran tamaño**, que alcanzan a más del 10% de los 450 millones de consumidores europeos, como Google, Facebook, Amazon o TikTok. Estas plataformas tienen las obligaciones adicionales de evaluar y mitigar los riesgos sistémicos que plantean para la sociedad, como la difusión de desinformación, la manipulación o la interferencia electoral, y de facilitar el acceso a los datos y la interoperabilidad con otros servicios.

ACTIVIDAD 2. SERVICIOS DIGITALES
Accede a la Ley de Servicios Digitales (DSA)[16] y contesta las siguientes preguntas.
1. ¿Qué medidas adopta la legislación para contrarrestar los contenidos ilegales? 2. ¿Cómo protege la DSA a las personas respecto a los productos falsificados? 3. ¿Cómo protege la DSA a los menores? 4. Según tu opinión, ¿crees que la ley mantiene un equilibrio justo con derechos fundamentales como la libertad de expresión? Argumenta tu respuesta.

2.3 Servicios de telecomunicación

Un servicio de telecomunicaciones es el proporcionado a un grupo de usuarios por un **proveedor de telecomunicaciones**. El usuario del servicio de telecomunicaciones es responsable del contenido del mensaje, mientras que el proveedor de servicios de telecomunicaciones tiene la responsabilidad de **aceptar, transmitir**

---

16 Reglamento (UE) 2022/2065, del Parlamento Europeo y del Consejo de 19 de octubre de 2022 relativo a un mercado único de servicios digitales y por el que se modifica la directiva 2000/31/CE (Reglamento de Servicios Digitales) (texto pertinente a efectos del EEE), DO L 277 de 27.10.2022, pp. 1-102.

y entregar el mensaje. El marco regulador de la UE para las comunicaciones electrónicas se basa en una serie de normas que se aplican en todos los estados miembros de la UE. En concreto, el marco está compuesto por un paquete de tres **directivas** y dos **reglamentos**:

- La **directiva (UE) 2018/1972**, por la que se establece el Código Europeo de las Comunicaciones Electrónicas.
- La **directiva 2009/140/CE** del Parlamento Europeo y del Consejo, de 25 de noviembre de 2009, por la que se modifican la directiva 2002/21/CE relativa a un marco regulador común de las redes y los servicios de comunicaciones electrónicas; la directiva 2002/19/CE relativa al **acceso a las redes de comunicaciones electrónicas** y recursos asociados, y a su interconexión, y la directiva 2002/20/CE relativa a la autorización de redes y servicios de comunicaciones electrónicas.
- La **directiva 2009/136/CE**, del Parlamento Europeo y del Consejo, de 25 de noviembre de 2009, por la que se modifican la directiva 2002/22/CE, relativa al servicio universal y los derechos de los usuarios en relación con las redes y los servicios de comunicaciones electrónicas; la directiva 2002/58/CE, relativa al **tratamiento de los datos personales** y a la protección de la intimidad en el sector de las comunicaciones electrónicas, y el reglamento (CE) 2006/2004, sobre la cooperación en materia de protección de los consumidores.
- El **reglamento (UE) 2018/1971** del Parlamento Europeo y del Consejo, de 11 de diciembre de 2018, por el que se establecen el Organismo de Reguladores Europeos de las Comunicaciones Electrónicas (**ORECE**) y la Agencia de apoyo al ORECE (oficina del ORECE).
- El **reglamento (UE) 531/2012** del Parlamento Europeo y del Consejo, de 13 de junio de 2012, relativo a la itinerancia en las redes públicas de comunicaciones móviles en la Unión.

Sin embargo, en este curso nos vamos a centrar solo a estudiar la directiva 2009/136/CE sobre el tratamiento de datos personales y la protección de la privacidad en el sector de las comunicaciones electrónicas, concretamente en el tema 4 de este libro.

En cuanto a las leyes españolas, la Ley General de Telecomunicaciones 32/2003, de 3 de noviembre, se reformó por la **Ley 9/2014**, de 9 de mayo, de telecomunicaciones. La reforma tenía dos **objetivos** principales: *1*) facilitar el despliegue de redes de próxima generación (fijas y móviles) y ampliar su cobertura, y *2*) mejorar las condiciones para una competencia más efectiva. En concreto, la regulación de telecomunicaciones incluye el funcionamiento de las redes, la prestación de servicios de comunicaciones electrónicas y la normativa de recursos asociados. En cambio, queda excluido de su alcance *a*) el régimen aplicable a los contenidos de carácter audiovisual, y *b*) actividades que consisten en el ejercicio del control editorial sobre contenidos y servicios de la sociedad de la información.

En cuanto al acceso al mercado de las comunicaciones electrónicas, el solicitante debe notificarlo a la Comisión Nacional de los Mercados y la Competencia (CNMC) antes del inicio de la actividad. Esta notificación debe incluir información sobre:

- Nombre de la persona física, DNI o pasaporte y nacionalidad si es extranjero, o nombre comercial e información registral en caso de ser una persona jurídica.
- El domicilio en España a efectos de notificación y documentación que acredite capacidad y descripción de la red o servicio a explotar.
- Fecha prevista de inicio de la actividad.
- Finalmente, una declaración de responsabilidad por el cumplimiento de los requisitos aplicables.

3. Responsabilidad de los intermediarios en el mundo digital

Hay tres categorías de actores relevantes en Internet: los primeros son los que crean o publican información, los **autores**; los segundos son aquellos a quienes se dirige esta información, es decir, los **destinatarios**, y el tercer tipo son los **intermediarios**, que desempeñan un papel fundamental que gira en torno a tres puntos:

a) permiten el flujo de información entre los otros dos temas sin contribuir al contenido;

b) actúan como guardianes de la identidad y el anonimato de los usuarios;

c) se encuentran en una posición única para prevenir o mitigar el daño que pueda causar la actividad ilegal de las otras dos categorías.

Como tales, pueden, en determinadas circunstancias, ser responsables como contribuyentes (por ejemplo, en la difamación y la pornografía). Aunque los intermediarios, como los bancos o los agentes comerciales, desempeñan un papel importante en el comercio mundial físico, existen diferencias fundamentales entre el mundo físico y los intermediarios de Internet:

- Los intermediarios del mundo físico son actores conscientes en la transacción, mientras que los intermediarios de Internet son a menudo actores inconscientes.
- Los intermediarios del mundo físico tienen una relación legal previa con uno de los actores principales, mientras que los intermediarios de Internet no tienen una relación preexistente.

El DSA que hemos visto anteriormente (reglamento UE 2022/2065) es el que regula servicios de intermediación. Los intermediarios son los proveedores de servicios digitales que transmiten, almacenan o facilitan el acceso a la información proporcionada por los usuarios, como los proveedores de acceso a Internet, los registradores de dominios o los servicios de almacenamiento en la nube.

La pregunta relativa a la responsabilidad se refiere a la responsabilidad legal por acciones en Internet que causen daño a otros. Si nos fijamos en la cadena causal, concluimos que efectivamente cualquier daño concreto en la red y por la presencia y accesibilidad de contenidos ilícitos ha tenido como una de sus consecuencias necesarias (*sine qua non*) la realización de una intermediación de proveedor de servicios.

Por ello, según el DSA, estos intermediarios tienen las siguientes **obligaciones generales**:

- Cooperar con las autoridades competentes para detectar y eliminar los contenidos ilícitos o perjudiciales, respetando los derechos fundamentales de los usuarios y los proveedores de contenidos.
- Informar a los usuarios acerca de las condiciones de uso de sus servicios, incluyendo las políticas de moderación, clasificación y publicidad de los contenidos, y aplicarlas de manera coherente y transparente.
- Establecer mecanismos de notificación y acción para que los usuarios puedan reportar los contenidos ilícitos o perjudiciales y solicitar su revisión o restauración, garantizando el derecho a una tutela judicial efectiva.
- Proteger la privacidad y la seguridad de los datos personales de los usuarios, cumpliendo con el Reglamento General de Protección de Datos (RGPD) y la directiva sobre la privacidad y las comunicaciones electrónicas.
- Adoptar medidas razonables para evitar que los contenidos ilícitos o perjudiciales se vuelvan a subir o difundir en sus servicios, sin recurrir a la vigilancia generalizada o al filtrado automático de los contenidos.

El DSA añade también las siguientes **obligaciones** para los intermediarios:

— El papel de los **alertadores fiables**: los proveedores de plataformas en línea deben implementar las medidas técnicas y organizativas necesarias para garantizar que los avisos que les envíen los «alertadores fiables» tengan prioridad y se procesen y actúen sin demoras indebidas. Los marcadores de confianza han demostrado una experiencia particular en la identificación de contenido ilegal y deben ser independientes de cualquier proveedor de plataformas en línea.

— **Transparencia** de la información: los proveedores de alojamiento deben implementar mecanismos de notificación y acción fáciles de usar.

— **Mayores controles sobre los comerciantes**: los proveedores de plataformas en línea que permiten a los consumidores celebrar contratos a distancia con comerciantes deben obtener cierta información mínima de los comerciantes antes de darles acceso a sus servicios y diseñar su interfaz de tal manera que los comerciantes cumplan con sus propias obligaciones de información.

— **Alcance proactivo a los consumidores**: si los proveedores de plataformas en línea se dan cuenta de que se han ofrecido productos o servicios ilegales en su plataforma a los consumidores, deben informar a los consumidores cuyos datos de contacto tienen *1*) del hecho de que el producto o servicio es ilegal, *2*) de la identidad del comerciante y *3*) de cualquier medio de reparación pertinente.

Estas obligaciones se aplican a todos los intermediarios que ofrecen sus servicios en el mercado único digital, independientemente de su lugar de establecimiento o de origen. Los intermediarios que incumplan estas obligaciones podrán ser **sancionados** por las autoridades nacionales de supervisión, que tendrán poderes para imponer multas, órdenes de cese o medidas correctivas.

Sin embargo, el DSA establece, también, una **exención de responsabilidad** de los proveedores de servicios intermediarios en los siguientes casos:

1. La UE reconoce que hay que lograr un equilibrio y creó un sistema de exención de responsabilidad para los intermediarios que actúan como **«mero conducto»** y no ejercen una función de edición o supervisión. El proveedor no será responsable cuando:
   – no inicia la transmisión, sino que son los usuarios los que solicitan información en un contexto de Internet;
   – no selecciona el receptor, es decir, no restringe el acceso a unos frente a otros;
   – no selecciona ni modifica la transmisión en tránsito, y por lo tanto hay ausencia de control editorial.

El elemento crucial de esta disposición es que el transmisor es pasivo. No crea la información, no tiene conocimiento de ella y no la controla.

2. Existe una exención adicional de responsabilidad que trata del almacenamiento en *caché*. El almacenamiento en *caché* se define como el almacenamiento automático, intermedio y temporal de datos informáticos para un acceso posterior más rápido y fácil. Es fundamental reducir la congestión de la red y la carga lenta de las páginas web. Cuando un proveedor de servicios de Internet detecta que los clientes suelen visitar determinadas páginas web que están alojadas en servidores geográficamente distantes, guarda una copia de esa página en el propio servidor. Por lo tanto, cuando otros clientes visiten nuevamente la misma página, el servidor no tendrá que ir a buscar los datos a la ubicación original, sino que puede mostrar directamente la copia en el *caché*.

Así pues, el almacenamiento en *caché* es uno de tipo temporal que tiene como objetivo acelerar el acceso al contenido manteniéndolo almacenado en un servidor local, en lugar de recuperarlo constantemente para cada transacción. Para aislarse de la responsabilidad, el proveedor debería abstenerse de modificar la información (ya que esto evita que sea tratado como un intermediario).

Actualmente no está claro si el almacenamiento en *caché* que los principales motores de búsqueda (como Google) proporcionan como parte de su servicio se considera almacenamiento en *caché* según el artículo 13. Dichas copias en *caché* suelen aparecer como parte de los resultados de búsqueda, en forma de enlace o botón. El problema es que las copias en *caché*, aunque son automáticas y temporales, no parecen ser intermedias, sino una característica permanente, aunque actualizada.

• También hay exenciones para los **alojamientos (*hosting*)**. El alojamiento, a diferencia de la transmisión o el almacenamiento en *caché*, es el acto de almacenamiento metódico y permanente de información, basado en un contrato entre un proveedor y el usuario. Los sitios de alojamiento de archivos permiten a los usuarios almacenar sus archivos en general **sin estructurar el contenido**. Varios sitios web solo comparten enlaces, a menudo con contenido ilícito (películas, *software*) que se puede obtener en sitios de alojamiento de archivos. El proveedor no será responsable de la información si se cumple alguna de las dos condiciones:

– el prestador no debe tener conocimiento real de actividad o información ilícita y, en lo que respecta a reclamaciones por daños y perjuicios, no debe tener conocimiento de hechos o circunstancias de los que se desprenda la actividad o información ilícita;

– el prestador que haya tenido conocimiento de la ilegalidad deberá actuar rápidamente para eliminar o inhabilitar el acceso a la información en los casos en que un tercero notifique a un prestador que la información puesta en la web por el destinatario es ilegal. Lo normal es que el proveedor actúe rápidamente para no exponerse a responsabilidades. Esto puede llevarlo a censurar efectivamente el contenido en Internet con un simple aviso de la parte afectada. Se concluyó que eBay tenía conocimiento y control de los datos almacenados, y por eso se consideró que desempeñaba un papel activo en la gestión de la información de terceros.

• El Reglamento de Servicios Digitales descarta la creación de obligaciones de **vigilancia** para los intermediarios. Los proveedores de servicios de Internet no tienen la obligación general de controlar los contenidos que pasan a sus servidores. La obligación de monitorear el tráfico habría sido extremadamente costosa y difícil de hacer cumplir, ya que el volumen del tráfico de Internet aumenta anualmente, en particular en los sitios generados por los usuarios. La limitación de responsabilidad no debe entenderse como una obligación de controlar la información que transmiten o almacenan, ni una obligación general de buscar activamente hechos o circunstancias que indiquen una actividad ilegal. Mientras que el primero excluye la obligación de observar el tráfico, el segundo excluye la obligación de «perseguir» a los presuntos infractores de la ley. En otras palabras, los proveedores de servicios en línea no serán responsables del contenido ilegal que los clientes hayan puesto a disposición en sus redes si son meros conductos, y también tienen procedimientos para eliminar el contenido rápidamente, y no estarán obligados a monitorear la actividad por adelantado.

Además, el DSA establece unos **requisitos mínimos para las órdenes de eliminación de contenido**. Así, las órdenes de eliminación por parte de los tribunales de los estados miembros de la UE u otras autoridades competentes deben cumplir con los siguientes requisitos:

— Deben limitarse territorialmente «a lo estrictamente necesario para lograr su objeto».

— Deben contener información clara que permita al proveedor identificar y localizar el contenido ilegal en cuestión, como una o más URL exactas y, cuando sea necesario, información adicional.

— Deben incorporar información acerca de los mecanismos de reparación disponibles para el proveedor y para el destinatario del servicio que proporcionó el contenido.

Además, los intermediarios sujetos a una orden de retirada ahora deben informar a las autoridades si han dado cumplimiento a la orden y cuándo.

ACTIVIDAD 3. RESPONSABILIDAD DE LOS INTERMEDIARIOS

Un usuario encuentra en MilAnuncios.com, dentro de una sección de contenido de «servicios eróticos», un anuncio incluido en esta sección en el que se ofrecían actividades sexuales con menores. El usuario reporta a MilAnuncios y también a la policía, la cual abre una investigación por la actividad ilícita.

1. ¿Quién es el responsable de esta actividad ilícita?
2. ¿Podría estar MilAnuncios protegido por alguna de las exenciones de las leyes de la UE? ¿Por qué? ¿Cuál sería el argumento que MilAnuncios podría utilizar a su favor según el Reglamento de Servicios Digitales?

Tema 3. Derechos fundamentales de la comunicación

Las constituciones actuales contienen un grupo importante de derechos fundamentales que son esenciales para el funcionamiento de una sociedad democrática. En este tema nos centraremos en analizar los derechos regulados en la **Constitución española**.

La razón de esta protección especial de los derechos fundamentales de la comunicación está en la propia naturaleza de estos derechos y su relación con las exigencias de un modelo de estado democrático.

Estos derechos deben ser cumplidos tanto por los particulares como por el estado. Los ciudadanos tienen garantizados estos derechos por parte del estado, y la mayoría requieren de una participación del individuo para su consecución, pero algunos requieren de una abstención, en caso de que se traten de obligaciones del poder público sobre la ciudadanía.

Los ciudadanos extranjeros también tienen la posibilidad de hacer valer estos derechos fundamentales en España, ya que los derechos fundamentales (por ejemplo, el derecho a la igualdad y la prohibición de discriminación del artículo 14 CE) se extienden a todas las personas que se encuentran en territorio español, a pesar de que algunos artículos de la Constitución hacen referencia a los «ciudadanos españoles».

1. Derecho a la información

La base del derecho a la información es la libertad de informar y de ser informado. Por ejemplo, ser informado de las cláusulas de los contratos laborales, los salarios correspondientes a las distintas categorías profesionales según convenio colectivo, etc.

En general, las normas sobre medios de comunicación deben basarse en el principio de libertad de información. El derecho a la libertad de información está consagrado en el **artículo 20 de la Constitución española** (CE). Según este artículo, los derechos protegidos son:

 a) Expresar y difundir libremente pensamientos, ideas y opiniones mediante la palabra, la escritura o cualquier otro medio de reproducción.
 b) Libertad de producción literaria, artística, científica y técnica.
 c) Libertad de cátedra.
 d) Comunicar o **recibir libremente información veraz por cualquier medio de difusión**.

Este último apartado es el que recoge el derecho a la información. El artículo 20.2 CE afirma que el ejercicio de todos estos derechos no puede verse restringido por ninguna censura previa, y en su apartado 3 establece que la ley regulará la organización y el control parlamentario de los medios de comunicación dependientes del estado o de cualquier entidad pública y garantizará el acceso a estos medios de los grupos sociales y políticos significativos, respetando el pluralismo de la sociedad y las distintas lenguas de España.

Es especialmente relevante el artículo 20.4 CE, que define que todas las libertades del apartado 1 se limitan a los derechos al honor, la intimidad, la propia imagen y la protección de la juventud y de la infancia, y la incautación de publicaciones, grabaciones y otros medios solo está permitida bajo orden judicial previa (artículo 20.5).

Por lo tanto, el derecho a la información, tal y como está reconocido en el artículo 20.1.d) de la Constitución, regula el derecho a comunicar **información veraz**. Este se configura constitucionalmente como un derecho instrumental de otros derechos muy importantes en un estado democrático, principalmente de participación y pluralismo políticos.

Cualquier restricción al derecho a la información en un estado de derecho debe, en principio, estar justificada por la protección de otros bienes o derechos, exigida por esos mismos principios o derechos reconocidos constitucionalmente. Por ejemplo, se podría justificar si este derecho a la información entra en colisión con el derecho al honor y la intimidad, el derecho o deber de secreto profesional, o la inviolabilidad del domicilio, el secreto de las comunicaciones y el uso de las tecnologías de la información.

En definitiva, el derecho a la información define lo que se puede publicar y lo que no, y las consecuencias de ello. Si se restringe es porque puede violar el derecho al honor, la intimidad o la imagen de otra persona. En este sentido, el Tribunal Europeo de Derechos Humanos (TEDH) parece priorizar, en la mayoría de sus sentencias, el derecho a la libertad de expresión frente a otros derechos humanos. Solo se restringiría al no justificar la necesidad de información, y si existe una vulneración clara del derecho al honor o la intimidad.

Ningún derecho fundamental es absoluto, sino que todo derecho tiene límites. El párrafo 4 del artículo 20 CE establece que la libertad de información tiene límites si colisiona con otros derechos. Por ejemplo, tal y como ya se ha mencionado, es frecuente la colisión entre el derecho a la información y el derecho al honor, la intimidad y la propia imagen.

El artículo 20.4 CE establece que no se puede confiar en el ejercicio de las libertades de expresión e información para lesionar otros derechos que también se encuentran en la Constitución. Por lo tanto, la invasión tanto del honor como del derecho a la privacidad podría convertir una noticia en ilegal. También en todos los países existen límites para difundir cierto contenido (por ejemplo, revistas o películas catalogadas para adultos), que solo pueden exhibirse en ciertos entornos, pero dependerá del país a la hora de fijar la intensidad de tales limitaciones y su justificación.

A lo largo de los años, se han producido numerosos conflictos normativos por situaciones en las que es completamente **imposible reconocer y proteger simultáneamente dos derechos**; por lo tanto, hay que elegir si proteger uno u otro. Como hemos dicho antes, los conflictos más comunes se producen entre la libertad de información y los derechos al honor, la intimidad, la propia imagen y la protección de la juventud y de la infancia. Así, si un periodista al que se le imputa que su información ha vulnerado el derecho al honor o la intimidad de otra persona quiere alegar que estaba ejerciendo su legítimo derecho a la información deberá demostrar:

- Que la publicación es **cierta**, es decir, que se ha probado suficientemente la causalidad entre los hechos o las circunstancias descritos y la realidad. El reportero puede demostrar su interés y esfuerzo por descubrir la verdad, previo a la difusión de la noticia, y debe demostrar que se ha realizado una tarea de esclarecimiento de los hechos.
- Que es **relevante** públicamente en el sentido de que tiene importancia para el desarrollo de la sociedad. Para decidir si la información viola o no la privacidad, no es necesario discutir si es verdadera o no, solo si es relevante. En este sentido, el Tribunal Constitucional ha establecido que el criterio para determinar la legitimidad o ilegitimidad de las vulneraciones de la intimidad de las personas no es la verdad, sino solo la relevancia pública del hecho divulgado, es decir, si su comunicación al público, aun siendo veraz, resulta necesaria en el asunto de interés público sobre el que informa. La información tendrá relevancia pública si atiende al interés general de la información, y lo hace refiriéndose a un tema público, es decir, a hechos que afectan a todos los ciudadanos. La distinción entre personajes públicos, cargados de «notoriedad pública», y meras personas privadas es muy significativa, y su trato será diferente cuando se ponderan sus derechos al honor, a la intimidad personal o familiar o a la propia imagen. Igualmente, el TJUE ha determinado que la información publicada ya no debería ser accesible cuando haya perdido interés, y los buscadores están obligados a garantizar un cierto «derecho al olvido» de las publicaciones difundidas en la red (STJUE, 13 de mayo de 2014).
- Que no contiene **insultos**. Existe una prohibición de insultar, lo cual es un límite absoluto y objetivo en la libertad de información.

- Que la información se obtenga de forma **legítima**. La información debe obtenerse de manera legítima, en ningún caso podrá obtenerse mediante las siguientes actividades prohibidas:

  a) El artículo 197 del Código Penal sanciona a quien, para descubrir los secretos o atentar contra la intimidad de otro, incaute sus papeles, cartas, correos electrónicos o cualesquiera otros documentos o efectos personales o intercepte sus telecomunicaciones o utilice dispositivos técnicos de escucha, transmisión, grabación o reproducción de sonido o imagen, u otra señal de comunicación. La sanción prevista es de 1 a 4 años de prisión y multa de 12 a 24 meses.

  b) No puede incurrir en otras conductas ilegales como amenazar, coaccionar, allanar la vivienda, robar, etc., para obtener los datos necesarios para la información.

Si alguno de estos requisitos se da, no se podrá invocar el derecho a la información.

En caso de que este derecho colisione con otro (por ejemplo, el derecho al honor), se analizará si ambos cumplen con estas condiciones. Si resulta que uno de los dos derechos no cumple con todos los requisitos constitucionales de la lista y el otro sí, solo este último estará protegido por la Constitución.

ACTIVIDAD 1. INFORMACIÓN CONTRA PRIVACIDAD
Lee el caso Von Hannover contra Alemania, sentencia del TEDH, 7 de febrero de 2012, y contesta las siguientes preguntas:
1. Explica brevemente los hechos del caso. 2. ¿Qué quiere decir el tribunal cuando afirma que el estado tiene una «obligación positiva» de proteger los derechos del convenio? 3. ¿Cuáles son los derechos humanos que se equilibran en esta sentencia? 4. ¿Por qué afirma el tribunal que los estados tienen cierto margen de apreciación en la valoración de la presunta violación de los derechos consagrados en el convenio? 5. ¿Llegaría el tribunal a la misma conclusión si el demandante no hubiera sido una persona conocida? Argumenta tu respuesta.

2. Libertad de expresión

La garantía constitucional de la libertad de expresión se encuentra expresamente contemplada en el artículo 20.l.a) CE y cubre toda expresión o difusión de ideas u opiniones.

La libertad de expresión constituye una necesidad democrática, pues nadie puede ser privado de expresar una opinión o creencia en una sociedad en la que el ejercicio del poder es resultado de elecciones democráticas libres, en que impera el pluralismo ideológico. El 7 de diciembre de 1976 fue la primera vez que el TEDH constató en su «Handyside contra Reino Unido» precisamente que la libertad de expresión constituía uno de los pilares fundamentales de la sociedad democrática.

El **propósito** de la libertad de expresión es emitir juicios y opiniones, incluidas las ideas y creencias propias. De hecho, cualquier concepción de la mente humana, protegida por la libertad de pensamiento (artículo 16.1 CE), también puede ser protegida por la libertad de expresión.

Este derecho también protege el derecho a criticar una conducta ajena, incluso si es molesta o disgusta a quien va dirigido (STC 174/2006, de 5 de junio). El motivo es que este derecho requiere pluralismo, tolerancia y amplitud de miras, propios de la «sociedad democrática» (STEDH de 23 de abril de 1992, Castells contra España).

De hecho, la libertad de expresión prevalece sobre el derecho al honor cuando el objeto de las críticas son personas que ejercen funciones públicas o se encuentran involucradas en asuntos de importancia pública, porque, en el sistema de valores democráticos, dicha crítica es inseparable de cualquier cargo de importancia pública (SSTC 159/1986, de 16 de diciembre).

Toda persona es titular de este derecho, sin restricción por razón de nacionalidad, e incluidos los menores. Los menores también tienen derecho a la libertad de expresión, aunque sus padres, tutores y las autoridades deben garantizar que la información recibida por estos es veraz, pluralista y respetuosa de los principios constitucionales. Como excepción, el ejercicio de la libertad de expresión puede estar restringido para determinados grupos de funcionarios o miembros de las fuerzas armadas o como consecuencia de una relación laboral.

En general, el ejercicio de la libertad de expresión podrá desarrollarse a través de la palabra, el escrito, la obra artística en general y cualquier medio de reproducción.

Aunque el ejercicio de la libertad de expresión y el derecho a la información están muy interrelacionados, los **requisitos constitucionales para la libertad de expresión y el derecho a la información son diferentes**. El ejercicio adecuado del derecho a la información incluye la exigencia de veracidad y pertinencia o interés público, el cual no tiene por qué estar presente en la libertad de expresión (pensemos en un escritor de novelas de ciencia ficción). Por lo tanto, si hay predominio de opiniones y comentarios subjetivos, estamos ante un derecho de libertad de expresión. Por el contrario, si predominan los elementos fácticos, nos enfrentamos al ejercicio del derecho a la información.

3. Intimidad y secreto de las comunicaciones

El derecho a la privacidad (o a la «intimidad», tal y como viene definido por la legislación española) se encuentra regulado a nivel internacional por el artículo 8 del Convenio Europeo de Derechos Humanos (CEDH), el cual reconoce el derecho a la privacidad de las comunicaciones; a nivel europeo, por el artículo 7 de la Carta Europea de Derechos Fundamentales, que reconoce el derecho al respeto de la vida privada y familiar, y a nivel español, por el artículo 18.1 CE que regula el «derecho a la intimidad», el artículo 18.3 CE sobre el secreto de las comunicaciones y el artículo 18.4 CE sobre el derecho a la protección de datos.

Así pues, la Constitución española ofrece diversas manifestaciones del derecho a la intimidad. Además del reconocimiento general del derecho a la intimidad personal y familiar, el derecho a la inviolabilidad del domicilio y al secreto de las comunicaciones se establecen explícitamente en el artículo 18 CE. El estado, pues, tiene la obligación de limitar el uso de la información para proteger la privacidad, y los ciudadanos tienen derecho a consultar los archivos de la administración (artículo 105 CE).

El tema más controvertido es cómo determinar legalmente qué es privado y qué es público. ¿Se vulnera el derecho a la privacidad si revelas que a otra persona le gustan las trufas de chocolate?, ¿y si revelas que tu prima tiene un *piercing* en el ombligo? Todo dependerá de si la persona afectada ha elegido que esta información sea privada o publicable. Cualquiera es libre de establecer los límites de su privacidad. Si alguien quiere mantener en privado su predilección por las trufas, entonces es parte de su privacidad. Hay datos que se consideran muy privados por su propia naturaleza, como el sexo. Otros son normalmente públicos, como el tipo de ropa que uno usa. Entre estos, existe una amplia gama de tonos. Además, la información que originalmente se considera privada se puede convertir en pública si la persona lo acepta posteriormente. Por ejemplo, una persona puede hacer públicos detalles de su vida sexual o mostrar partes de su cuerpo si lo desea, ya que el sujeto tiene la capacidad de controlar información sobre sí mismo.

En el caso de que el individuo sea un **personaje público**, puede implicar que tenga que renunciar a parte de su intimidad, aunque no completamente. Por ejemplo, en 1990, una joven y famosa actriz se fue de vacaciones a la isla de Menorca. Un día decide ir a la playa, en una pequeña bahía aislada en el norte de la isla. Allí, rodeada de muy pocos nadadores, la actriz decide hacer *top-less*. Poco después, una revista publicó fotos bajo el epígrafe de «*Top-less* en Menorca». La actriz la demandó por vulneración de su derecho a la intimidad. La revista se defendió alegando que la playa era un lugar público, por lo que renunciaba implícitamente a su derecho a la intimidad. Claramente, es necesario inferir de los actos de la actriz cuál es su grado de resignación a la intimidad. En este caso, se puede concluir fácilmente que ha tomado las precauciones suficientes para esconderse, de modo que tuviera control sobre quién podía ver sus senos. Por supuesto que la fotógrafa tenía acceso legítimo a su cuerpo, pero si fue a través de un barco con un teleobjetivo, no era previsible.

Por lo tanto, el criterio debe ser siempre la **expectativa de privacidad**. Si bien el sujeto mantiene el control sobre a las personas que reciben sus datos o imágenes, la renuncia a la privacidad no debería ir más allá de esas personas elegidas. Si alguien está desnudo ante su pareja, la renuncia a la intimidad es solo hacia esa persona. En cambio, cuando pierde el control de su información y acepta el acceso a ella por parte de un número indeterminado de personas, está renunciando a esa información o imagen. Entonces, quien camina desnudo por una calle o incluso en una playa concurrida está de acuerdo en que otras personas lo vean o escuchen. Cabe señalar, aquí, que una doctrina reciente del Tribunal Constitucional es más restrictiva. En ocasiones, los tribunales han requerido «consentimiento expreso, válido y efectivo otorgado por los titulares» para validar cualquier renuncia a la privacidad.[17]

En cuanto a la gente famosa, se trata de personas que deciden ofrecer su vida a la opinión pública. Se hacen publicidad como una forma de vida. Es el caso de quienes optan por ejercer profesiones consideradas públicas, como cantantes, políticos, futbolistas y celebridades en general. Estas personas aceptan un mayor nivel de injerencia en su ámbito privado que el resto de los ciudadanos, pero no renuncian absolutamente a todo su derecho a la privacidad. Por lo tanto, aceptan que ciertos aspectos de su vida privada se reflejen en los medios. De hecho, la jurisprudencia del Tribunal Constitucional ha distinguido expresamente entre «**figuras públicas**», que son «autoridades públicas y funcionarios que deben asumir que los actos en el ejercicio de sus deberes y funciones están sujetos al escrutinio de la opinión pública, es decir, divulgación de información sobre lo que dicen o hacen cuando existe una conexión directa y evidente con el desempeño de sus funciones» (STC 54/2004, FJ 3), y las personas «**con notoriedad pública**», que son «aquellas que alcanzan cierta relevancia por la actividad profesional que habitualmente desarrollan o difunden, o adquieren un protagonismo circunstancial porque se involucran en hechos que tienen relevancia pública» (STC 99/2002, FJ 7).

Las nuevas tecnologías y, en particular, Internet han dado una nueva dimensión a la protección de la privacidad. La gran cantidad de información disponible en Internet y su fácil acceso pueden traer momentos del pasado que tradicionalmente estaban olvidados.

En una sentencia del 13 de mayo de 2014, el TJUE concluyó que los **motores de búsqueda** de Internet tienen acceso a una variedad de datos sobre cualquier persona. Esta combinación de varios datos tiene una importancia innegable para la privacidad de las personas. En este contexto, el TJUE consideró que, al menos, hay que garantizar a las personas el derecho a determinar qué información veraz sobre ellas pueda ser olvidada después de un tiempo. Los motores de búsqueda debían establecer un mecanismo que, en este ámbito, garantizara el derecho al olvido para proteger la privacidad. Es decir, que, si bien se trata de información pública, su reiteración se considera una violación a la privacidad.

El derecho a la privacidad se diferencia de otros derechos, como el **secreto de las comunicaciones**, ya que este último es un derecho de configuración **formal**, que se vulnera cuando estas comunicaciones son interceptadas, independientemente de su contenido. En cambio, el derecho a la intimidad es un derecho **material** que comprende todos los aspectos de la vida de las personas, no necesariamente secretos.

El artículo 18.3 CE establece que se garantiza el secreto de las comunicaciones, en particular de las comunicaciones postales, telegráficas y telefónicas, salvo decisión judicial. Este derecho se concibe inicialmente como un ámbito de inmunidad personal frente al estado. La base jurídica constitucional se encuentra en el artículo 10.2 CE, que reconoce la dignidad de la persona. El derecho al secreto de las comunicaciones consagra la prohibición de la interceptación o el conocimiento ilícitos de comunicaciones extranjeras. La única posibilidad de levantar el secreto de las comunicaciones recae en la autoridad judicial.

El ejercicio de este derecho no depende de la privacidad. Se trata de una mera interceptación de la comunicación, independientemente de que perjudique la privacidad o no. Por ejemplo, en la STC 142/2012 un policía accedió a la guía telefónica de un teléfono móvil sin el consentimiento de su propietario. En este caso hay vulneración, ya que, como se ha dicho, la interceptación de una comunicación sin el consentimiento de su titular solo podrá realizarse mediante **autorización judicial**; de lo contrario, constituye automáticamente una infracción a la ley.

Si bien la redacción del artículo 18.3 CE, en el momento de la reglamentación, no cubre determinadas formas de tecnología actual, el derecho penal y la jurisprudencia han actualizado el contenido de ese derecho. Así, en 1978 no había muchos de los medios tecnológicos que existen hoy en día; por lo tanto, se ha ampliado el concepto de «escuchas telefónicas». En este sentido, en la sentencia STC 34/1996, el tribunal sostuvo que el artículo 197 CP incluye los teléfonos inalámbricos y, por lo tanto, vincula a cualquier oyente ilegal, independientemente del sistema utilizado.

---

17 Por ejemplo, véanse las sentencias STC 176/2013, STC 2/2014 y STC 19/2014.

Tal y como se expresa en la sentencia STC 202/2001, la interceptación de comunicaciones solo se puede aceptar:

a) si se proporciona con suficiente precisión;
b) si es autorizada por la autoridad judicial en el curso de un proceso;
c) si se ejecuta de conformidad con el principio de proporcionalidad.

Naturalmente, debe comprobarse que esta decisión judicial tiene una conexión razonable entre el sujeto afectado por la medida judicial, el delito investigado, la gravedad de la intrusión y su pertinencia o idoneidad.

La privacidad y confidencialidad de las comunicaciones electrónicas también son aplicables a los **empleados** de una empresa. El Tribunal Constitucional ha reconocido en muchas sentencias la aplicación del derecho a la privacidad en el lugar de trabajo. La jurisprudencia del Tribunal Constitucional también garantiza la confidencialidad de las comunicaciones de los empleados, aunque, ciertamente, tienen menos privacidad que una persona fuera del lugar de trabajo. Por ejemplo, en el ámbito laboral es interesante la resolución de la sentencia STC 241/2012. Una empresa tuvo acceso a información privada de los trabajadores con relación a un programa informático que permitía acceder al contenido de las conversaciones realizadas por sus empleados a través de esa aplicación de mensajería instantánea. El ordenador se usaba comúnmente por parte de todos los empleados de la empresa y la empresa había prohibido que se instalaran programas en él. El ordenador era gratuito y no se requería clave para acceder. Además, una orden de la empresa contravenía la instalación del programa. La demandante alegó que la violación del secreto se produjo al acceder al archivo informático. No obstante, el tribunal determinó que el derecho a la privacidad de las comunicaciones debía ser ponderado en el contexto de una relación laboral, y concluyó que no existía tal secreto, ya que se trataba de información abierta y accesible para todos.

Por otro lado, existe un alcance limitado del artículo 18.4 CE en cuanto al derecho a la **protección de datos personales**. De hecho, el Tribunal Constitucional parece dudar del alcance de la única referencia constitucional a las nuevas tecnologías, el artículo 18.4 CE, al establecer que «la ley limitará el uso de las tecnologías de la información para garantizar el honor y la intimidad personal y familiar de los ciudadanos y el pleno ejercicio de sus derechos».

Así pues, si el ciudadano puede negar la cesión de una determinada información, este ciudadano también debe poder oponerse a su conservación, una vez que falte el propósito que motivó su obtención, o cuando la cesión a terceros se haya realizado sin autorización.

En su sentencia STC 292/2000, el TC ha determinado que el artículo 18.4 CE no debe interpretarse como un aspecto especial del derecho a la privacidad, sino como un derecho a la protección de los datos personales. El derecho a la privacidad protege a los ciudadanos contra invasiones de la esfera personal y familiar. En cambio, el derecho a la protección de los datos personales garantiza a los ciudadanos el control, uso y destino de sus datos personales.

Los datos personales no solo incluyen datos privados de la persona, sino que también abarcan todos aquellos datos que identifican o permiten la identificación de la persona. En este sentido, un número de teléfono o la dirección IP han sido considerados datos personales por la Agencia Española de Protección de Datos, por su capacidad para identificar el ordenador del usuario.

4. Derecho al honor

Tanto el derecho al honor como el derecho a la intimidad personal y familiar y el derecho a la propia imagen son **derechos de la personalidad**. Se trata de tres derechos fundamentales autónomos, no necesariamente conectados, pero cada uno de ellos tiene un contenido esencial diferente.

El derecho constitucional al honor tiene que ver con la **fama** de una persona. La Constitución garantiza que todos tengan la fama adecuada según sus propias acciones. Sin embargo, cabe puntualizar que la Constitución solo prohíbe la idea del honor como «buena reputación» cuando se produce un deterioro inmerecido de la buena reputación por parte de otros. Si una persona obtiene mayor reconocimiento social del que merece, aunque su reputación se altere sin la intervención de sus propias acciones, no tiene su honor dañado, ya que es una alteración positiva.

Estamos, por lo tanto, en el campo de los **valores individuales**. Se viola el honor de una persona cuando se lesiona el prestigio de alguien. La ley no sirve para reconocer o negar el honor personal, solo para protegerlo. Sobre la base del principio de autonomía del individuo, el derecho al honor es una realización del derecho a la igualdad: nadie debe sufrir invasiones que socaven su reputación, a menos que sea modificada por sus propias decisiones a lo largo de la vida. En cualquier caso, es un derecho que también está muy relacionado con la **vida en sociedad**. La reputación de las personas está estrechamente ligada al entorno en el que se mueven y la cultura en la que viven.

En cuanto a **la relación entre honor y veracidad**, normalmente si un dato es verdadero reduce al mínimo cualquier posible violación del honor. El derecho al honor es la facultad de evitar la merma de la buena reputación por actos de terceros. Esto significa que, cuando la propia persona se involucra en una conducta que se considera socialmente deshonrosa, no puede invocar la protección constitucional. Entonces, quien comete un delito está aceptando implícitamente que entre las consecuencias de ese acto hay una inherente disminución del honor del delincuente. Por ejemplo, alguien que roba no puede actuar en contra de tus propias acciones, desafiando ser llamado ladrón. La veracidad consiste en la determinación de que los hechos efectivamente ocurrieron. Así, un periodista puede denunciar que una persona es un ladrón, siempre que esto sea cierto, y el interesado mismo tiene que soportar la desgracia implícita en sus acciones. Si el informe contiene evidencia de que es cierto, no hay daño al honor.

Sin embargo, el estilo periodístico puede imponer calificativos como «presunto» o «supuesto», que pueden dañar el honor de una persona si no hay pruebas. ¿Qué pasa si alguien solo es acusado, pero no condenado? Puede ser que, al fin y al cabo, no sea condenado por un delito y, por lo tanto, se requiera una especial precisión por parte del periodista para no vulnerar su derecho al honor. Por ello, los periodistas pueden violar la ley cuando publican noticias inexactas. Se vulnera el derecho al honor si la persona a la que se atribuye el acto no lo ha hecho realmente.

¿Qué pasa con las **personas jurídicas**? En principio, es un derecho que se refiere a las personas físicas. Por lo tanto, el honor, en principio, no parece predecible de instituciones, sino de personas físicas. No obstante, la sentencia STC 139/1995 establece que ninguna disposición legal o constitucional impide que las personas jurídicas estén sujetas a derechos fundamentales, por lo que las personas jurídicas también tienen derecho a proteger su honor.

¿Qué **diferencia hay con el derecho a la privacidad**? Existen diferencias significativas entre estos dos derechos fundamentales. En primer lugar, el derecho al honor tiene que ver con la dignidad de la persona como tal: por una lesión del derecho al honor la dignidad y la integridad o consideración social de esa persona es dañada. A diferencia del derecho al honor, el derecho a la privacidad es muy personal. No es un derecho establecido para promover la interacción social, sino todo lo contrario, es un derecho a mantener el espacio propio de la vida colectiva. El derecho a la privacidad se refiere a la obligación de las autoridades de respetar un nivel de privacidad en sus ciudadanos.

Los derechos al honor y la intimidad no siempre se superponen o coinciden. Pueden relacionarse a veces, pero no siempre una violación de la privacidad está desacreditando o subestimando el honor de alguien, y el honor no necesariamente afecta a las áreas de privacidad. Sin embargo, puede suceder que cierta información se divulgue y afecte el derecho a la privacidad de alguien y también su derecho al honor.

ACTIVIDAD 2. DERECHOS CONSTITUCIONALES

Lee el caso Peck contra Reino Unido, sentencia del TEDH, App. 44647/98, 24.04.2003, y contesta las siguientes preguntas:

1. Explica brevemente los hechos del caso.
2. ¿Cuáles son los derechos del convenio que invoca el señor Peck ante el TEDH? ¿Hay violación según el tribunal?
3. Determina si la siguiente afirmación es verdadera o falsa y justifica tu respuesta: «El Tribunal consideró que el señor Peck no sufrió injerencias porque la escena fue grabada desde un lugar público por motivos de seguridad».
4. ¿Cuáles son las tres alternativas que el tribunal cree que el consejo podría haber hecho para cumplir con el derecho a la privacidad del señor Peck?
5. ¿Decide el tribunal que el señor Peck tiene derecho a una indemnización por daños materiales e inmateriales? Argumenta tu respuesta.

---

5. Derecho a la propia imagen

La imagen, si bien representa la iconografía del ser humano, es adyacente al derecho al honor; una lesión al derecho a la propia imagen podría mostrar y ser, también, una violación del honor.

El artículo 18.1 de la Constitución regula la protección de la imagen, pero no concreta este derecho. Por ello, su contenido esencial ha sido determinado por la jurisprudencia. La sentencia STS del 11 de abril de 1987 definió por primera vez la imagen como «la figura, representación o apariencia de una cosa», pero debe entenderse que corresponde a la «representación gráfica de una figura humana mediante un proceso mecánico de reproducción y que puede influir en la esfera del derecho de la personalidad». Por lo tanto, el derecho a la propia imagen es la reproducción física de una persona.

El TC no siempre ha protegido los derechos de imagen. Por ejemplo, en la sentencia STC 72/2007 se consideró justificado el uso de una fotografía de un policía. En otros casos, aunque es relevante obtener el consentimiento del sujeto (STC 99/1994), este requisito ya no es necesario si la imagen tiene interés social. Por lo tanto, el uso de una imagen está delimitado por la voluntad del titular de dicha información (STC 156/2001 y 14/2003).

Se trata de un derecho relacionado con la autonomía y, por ello, la Constitución otorga a toda persona la exclusividad de las decisiones sobre el uso público de sus imágenes. Aun así, en algunos casos, el uso de la imagen de alguien puede estar prohibido por el derecho a la privacidad, no por el derecho a la imagen en sí. Por ejemplo, la publicación de una foto de una persona desnuda.

El alcance de efectividad de este derecho se limita al uso rentable de la imagen sin el consentimiento del sujeto. Solo se vulnera este derecho cuando alguien utiliza la imagen de otro con la **intención de obtener un beneficio** directo de la misma. Así, el derecho a la propia imagen tiene un carácter fundamentalmente económico, lo que no excluye su estrecha relación con la dignidad humana.

Por lo tanto, la publicación de fotografías de una persona en un periódico con fines ilustrativos o informativos es legítima, desde el punto de vista de la imagen, incluso sin el consentimiento del sujeto. En contra de esto, su uso está prohibido si la publicación tiene como único objetivo la obtención de un beneficio económico.

Este derecho desaparece cuando las imágenes son de interés público. En el ejemplo, la legitimidad de la fotografía estaba justificada por el hecho de que la noticia era la propia fotografía. Por lo tanto, solo hay vulneración cuando la imagen carece de interés público.

Otro buen ejemplo se puede ver en la sentencia STC 19/2014. En las páginas 30 a 34 de la revista *Interviu*, en junio de 2005, se publicó un reportaje titulado «Melanie Olivares. De la calle a la playa», que constaba de dos columnas de texto y nueve fotografías de la actriz española, captadas y difundidas sin su consentimiento, en las que aparecía haciendo *top-less* en una playa de Ibiza con unos amigos. Una de las fotografías fue reproducida en la portada del mismo número de la revista. La actriz interpuso una demanda. La demanda no se centraba en una posible vulneración del derecho a la privacidad, ya que la actriz caminaba en *top-less* en una playa pública abierta, renunciando así a un cierto nivel de privacidad. En cambio, desde el punto de vista del derecho a la propia imagen, se podía llegar a la conclusión diferente de que la revista se beneficiaba del uso de la representación gráfica del cuerpo de la actriz, sin que fuera de interés público.

En cuanto a los **criterios** para determinar que una imagen está siendo utilizada de forma ilegítima sin interés público, se requiere una relación causa-efecto entre la imagen y el beneficio que se busca con su publicación. Estos requisitos son:

1. Se requiere un cierto **grado de individualización** personal en la imagen. Por ejemplo, la imagen de una manifestación o un partido de fútbol que una empresa utiliza para fines publicitarios no se consideraría una infracción del derecho a la propia imagen, porque hay mucha gente cuyos rostros son reconocibles. Por lo tanto, el beneficio no puede vincularse a un individuo específico, sino al evento en sí.
2. Debe haber una **relación causal** de la imagen con respecto al beneficio: en esencia, el sujeto tiene que demostrar que el beneficio que se desea lograr puede asignarse directamente a la representación de su imagen, no al producto en su conjunto. Por ejemplo, si una revista publica una serie de fotos de una mujer desnuda, esta mujer debe demostrar que los beneficios de la revista se deben a su imagen en sí, no a la revista como producto.

Basta con demostrar un beneficio directo en el uso de la imagen, lo que no excluye el ejercicio de otros derechos como el honor o la intimidad. En esencia, este derecho confirma que el ciudadano tiene derecho a controlar los usos lucrativos de sus imágenes, precisamente para evitar que una persona pueda ser explotada comercialmente.

6. Derecho a la no discriminación

La discriminación es un fenómeno social que vulnera la dignidad, los derechos humanos y las libertades fundamentales de las personas. Se trata de una práctica que surge de los usos y las costumbres sociales entre las personas y en la relación con las instituciones/administración pública, muchas de las cuales cuentan con una raíz histórica que ha permitido cristalizar sistemas de privilegios de unos grupos respecto al resto.

Se entiende, por lo tanto, por **discriminación** toda distinción, exclusión, restricción o preferencia que, por acción u omisión, con intención o sin ella, no sea objetiva, racional ni proporcional y tenga por objeto o resultado obstaculizar, restringir, impedir, menoscabar o anular el reconocimiento, goce o ejercicio de los derechos humanos y libertades, cuando se base en uno o más de los siguientes motivos: el origen étnico o nacional, el color de piel, la cultura, el sexo, el género, la edad, las discapacidades, la condición social, económica, de salud o jurídica, la religión, la apariencia física, las características genéticas, la situación migratoria, el embarazo, la lengua, las opiniones, las preferencias sexuales, la identidad o filiación política, el estado civil, la situación familiar, las responsabilidades familiares, el idioma, los antecedentes penales o cualquier otro motivo.

De tal forma, se entenderán como discriminación la homofobia, la misoginia, cualquier manifestación de xenofobia, la segregación racial, el antisemitismo, la aporofobia, así como la discriminación racial y otras formas conexas de intolerancia. Discriminar quiere decir dar un trato distinto a las personas que en esencia son iguales y gozan de los mismos derechos; ese trato distinto genera una desventaja o restringe un derecho a quien lo recibe.

Con el fin de evitar los diferentes tipos de discriminación que pueden darse en nuestras sociedades, muchas veces reproducidas por los propios sistemas legales y de justicia, se desarrolla el principio de igualdad. El **principio de igualdad** es uno de los valores más importantes reconocidos por la comunidad internacional y constituye la piedra angular de la teoría de los derechos humanos. Su importancia radica en que garantiza derechos y limita privilegios, con lo que favorece el desarrollo igualitario de nuestras sociedades.

Es preciso señalar que, en la actualidad, además de la consagración de dicho principio en nuestros sistemas legales, también se pueden desarrollar acciones específicas orientadas a dar fin a una situación de discriminación particularmente arraigada contra un grupo específico recurriendo a las llamadas acciones positivas o afirmativas (conocidas también como sistemas de discriminación inversa o positiva), que consisten en la adopción de medidas concretas y temporales dirigidas a conseguir la igualdad ante la ley, la igualdad material y, consecuentemente, la igualdad de oportunidades. Por medio de estas acciones, se pretende influir en los miembros de la sociedad para que cambien su mentalidad en ese sentido y se corrijan las situaciones discriminatorias. Un ejemplo de una acción positiva podría ser la adopción de leyes para evitar la violencia contra las mujeres, o la adopción de leyes que fomenten la contratación de personas trans para lidiar con la marginalización histórica del colectivo. En este sentido, podemos afirmar que el rol de la ley es promover una transformación social con el fin de configurar sociedades más libres y justas para la totalidad de sus integrantes.

En lo que respecta al ámbito legal, podemos hablar de «**igualdad en la ley**», en virtud de la cual decimos que las leyes no pueden establecer diferencias arbitrarias entre las personas, esto es, diferencias no justificadas racionalmente. Y la llamada «igualdad ante la ley», en cuyo mérito quienes ejecutan o aplican las leyes, esto es, el poder ejecutivo y el poder judicial, no pueden hacerlo estableciendo diferencias entre las personas que las propias leyes no hayan establecido previamente. Como, por ejemplo, cuando el gobierno intenta repatriar a menores indocumentados a sus países de origen violando su derecho a una tutela judicial efectiva por el mero hecho de no ser nacionales.

En otras palabras, la igualdad ante la ley es una demanda que se dirige al legislador y es este, por lo tanto, el llamado a respetarla. Por su parte, la igualdad ante la ley es una exigencia que se plantea tanto al ejecutivo como al poder judicial y son ahora estas autoridades las llamadas a observar escrupulosamente dicho principio.

El principio de igualdad asume, por lo tanto, que las personas deben ser consideradas iguales entre sí y tratadas como iguales respecto a aquellas cualidades que constituyen la esencia del ser humano y su naturaleza, como la dignidad, el libre uso de la razón y la capacidad jurídica. Los posibles tratos desiguales dados a las personas solo se pueden justificar si se encuentran previstos en la ley, y generalmente obedecen a la comisión de actos ilícitos que dañan a terceros o cuando las personas se encuentran en situación de vulnerabilidad o discriminación, lo que hace necesario la aplicación de algún apoyo o ayuda especial (como las medidas afirmativas).

En este sentido, en la actualidad observamos que las nuevas tecnologías han alentado determinadas prácticas discriminatorias, unas prácticas que se traducen en los propios **sesgos de la tecnología**, que son los propios de sus creadores, ya que esta debe ser comprendida como un amplificador de la voluntad humana. Así, cuando un *software* de reconocimiento facial es incapaz de reconocer los rostros de mujeres afrodescendientes se debe sencillamente a que estas no fueron incluidas en la base de datos para entrenar al algoritmo. Y si no fueron incluidas, se debe o bien a un acto deliberado por parte de los ingenieros, o bien a que a estos no se les ocurrió. Y si no se les ocurrió es porque no viven en un «mundo» en el que dichas personas no son relevantes.

Así, observamos como la penetración, por ejemplo, de la inteligencia artificial en determinados ámbitos, como puede ser la seguridad pública a través de sistema de reconocimiento facial, está cristalizando en dinámicas de opresión sobre personas racializadas. O como la inclusión de determinadas tecnologías en algunos sistemas de justicia, como es el caso de COMPASS, un *software* que permite calcular índices de reincidencia delictiva en Estados Unidos que está penalizando a las comunidades afrodescendientes y latinas.

Es, por lo tanto, imprescindible una conciencia clara respecto al principio de igualdad en procesos de desarrollo tecnológico, con el fin de promover la configuración de una sociedad realmente igualitaria, yendo más allá de los sesgos propios de los creadores para construir una tecnología socialmente justicia.

ACTIVIDAD 3. DISCRIMINACIÓN TECNOLÓGICA Y CONTROL HUMANO SIGNIFICATIVO

En 2018 la American Civil Liberties Union condujo una prueba con el *software* «Rekognition» que llevó a la identificación de 28 miembros del Congreso Americano con criminales. Casi el 40% de las coincidencias falsas de «Rekognition» en la prueba fueron de personas de color, a pesar de que representan solo el 20% del Congreso.

Fuente: American Civil Liberties Union https://www.aclu.org/blog/privacy-technology/surveillance-technologies/amazons-face-recognition-falsely-matched-28

1. ¿Qué implicaciones éticas y legales puede tener este tipo de tecnología?
2. ¿Qué figuras legales pueden considerarse con el fin de evitar este tipo de situaciones?
3. Investiga y resume brevemente qué es el sesgo de automatización (*automation bias*).
4. Investiga y resume brevemente qué es el control humano significativo (*meaningful human control*).

Tema 4. Privacidad y protección de datos

1. Conceptos clave: privacidad y protección de datos

La **privacidad** es la capacidad de retener información sobre uno mismo, de tener una esfera de vida aislada y de seleccionar qué partes de la vida de uno serán públicas.

Históricamente, una persona «privada» era aquella que no participaba en la vida pública. El término se entendía a menudo como un peyorativo, como una indicación de la falta de voluntad de la persona para participar o su falta de capacidad para hacerlo. Posteriormente, la privacidad pasó a entenderse como un deseo de mantener la vida fuera de la vista del público, por lo que solo se convirtió en un valor y fue protegida legalmente. En la era moderna, a medida que la vida se retiraba de las plazas para entrar en las oficinas, casas e instituciones, la privacidad se convirtió en un valor protegido, y con ella surgió el potencial y el deseo de invadirla. A principios del siglo XX, solo un puñado de estados eran democracias y la mayoría de ellos no otorgaban a las mujeres el derecho al voto. El interés era, en ese momento, controlar todos los elementos percibidos como una amenaza para la estabilidad del régimen. Mantener registros y espiar es una actividad tan antigua como la vida política misma, y en ese periodo adquirió nuevas dimensiones a medida que se extendió la libertad política.

Actualmente, con la vida moderna, aunque los hogares y la vida familiar, las conversaciones telefónicas y la correspondencia pueden estar protegidas, la participación pública en el mundo digital ha expuesto a toda la sociedad a nuevas amenazas frente a la privacidad. En nuestros tiempos, el deseo de invadir la privacidad ya no proviene solo de los gobiernos, sino también de las empresas y de otros individuos.

En la era digital, el potencial para recopilar datos es enorme. La disponibilidad de datos, en sí misma, no es una novedad. Tampoco lo es la capacidad de acceder a ellos rápidamente, ya que existe desde hace varias décadas. Los datos que se tratan automáticamente han sido objeto de regulación desde hace ya más tres décadas, mucho antes del avance de Internet en la década de 1990. Sin embargo, lo que hace que las bases de datos en la era digital sean tan sensibles es su capacidad para relacionarse de forma rápida y precisa con otras bases de datos. Por ejemplo, al buscar un nombre, un número de teléfono o un correo electrónico en Internet. Ante este avance, se produjo la necesidad de intervención legislativa.

De acuerdo con la legislación de la UE y la ley del Consejo de Europa (CoE), los **datos personales** se definen como toda información relacionada con una persona física identificada o identificable (el interesado). Es decir, se refiere a la información sobre una persona cuya identidad es manifiestamente clara o puede al menos ser establecida mediante la obtención de información adicional (artículo 4.1 del Reglamento General de Protección de Datos y artículo 2 (a) del Convenio CoE 108).

La identificación requiere elementos que describan a una persona de tal manera que sea distinguible de todas las demás personas y reconocible como individuo. Por ejemplo, incluiría números personalizados como DNI, número de pasaporte, número de seguridad social, etc.; también es un identificativo el nombre de una persona, aunque a menudo los nombres no son únicos y, por lo tanto, la identificación puede requerir identificadores adicionales, como la fecha y el lugar de nacimiento. En algunos casos, otros identificadores pueden tener un efecto similar a un nombre (por ejemplo, para figuras públicas puede ser suficiente hacer referencia al puesto de trabajo de la persona, como «actual presidente de la Comisión Europea»).

De acuerdo con la legislación de la UE, los beneficiarios de las normas de protección de datos son, en principio, «personas físicas». Si se trata de datos sobre dicha persona, esta persona recibe el nombre de «interesado». La legislación de la UE en materia de protección de datos no cubre, en general, la protección de las personas jurídicas con respecto al tratamiento de datos que les concierne. Sin embargo, los reguladores nacionales son libres de regular este tema. Del mismo modo, según el convenio 108, la protección de datos trata, principalmente, de la protección de las personas físicas. Sin embargo, las partes contratantes pueden extender la protección de datos a las personas jurídicas, como las empresas comerciales y las asociaciones en su legislación nacional (artículo 3.2.b del convenio 108).

Los datos personales cubren información relacionada con la **vida privada** de una persona, así como información sobre su vida profesional o pública. Esta opinión fue expresada tanto por el Tribunal Europeo de Protección de Datos (TEDH)[18] como por el Tribunal de Justicia de la UE (TJUE).[19]

Una persona se considera **identificable** si un dato contiene elementos de identificación a través de los cuales la persona puede ser identificada directa o indirectamente. Por lo tanto, si el contenido de la información (sin un nombre asociado) permite revelar la identidad de la persona mediante la realización de una investigación adicional, aún se pueden considerar como datos personales. Por ejemplo, pueden ser datos personales las facturas de teléfonos móviles, las direcciones IP, datos de ubicación o información sobre la conducta de la persona. También pueden ser datos personales identificadores factores específicos de la identidad física, fisiológica, genética, mental, económica, cultural o social de la persona física.

Por el contrario, si la información no permite identificar a una persona concreta (directa o indirectamente), no se considerará que incluye datos personales. Por ejemplo, la información general sobre los salarios en una empresa en principio no se considera datos personales, a menos que haya una sola persona empleada en un puesto en particular, entonces la información salarial sobre el puesto será considerada como datos personales relacionados con el empleado único que ocupa ese puesto.

La determinación de si se están tratando datos personales o no a menudo requiere un análisis individualizado de cada caso. El punto de partida podría ser observar qué medios están disponibles para identificar a un individuo y hasta qué punto esos medios están fácilmente disponibles para la persona que intenta la identificación. La persona es identificable solo si se puede obtener información adicional sin un esfuerzo irrazonable (cantidad de tiempo, mano de obra, etc.), lo que permite la identificación del interesado.

El RGPD adopta el mismo enfoque que la directiva anterior, pero incluye una definición más precisa de «persona identificable». Según el artículo 4(1), persona física identificable es aquella

> «cuya identidad pueda determinarse, directa o indirectamente, en particular mediante un identificador, como por ejemplo un nombre, un número de identificación, datos de localización, un identificador en línea o uno o varios elementos propios de la identidad física, fisiológica, genética, psíquica, económica, cultural o social de dicha persona»

Según el considerando 26 del RGPR, para determinar si una persona física es identificable, se deben tener en cuenta todos los medios, como la singularización, que razonablemente pueda utilizar el responsable del tratamiento o cualquier otra persona para identificar directa o indirectamente a la persona física.

Se evaluará:

— Que exista una probabilidad razonable de que se utilicen medios para identificar a una persona física.
— Factores objetivos como los costes y el tiempo necesarios para la identificación, teniendo en cuenta tanto la tecnología disponible en el momento del tratamiento como los avances tecnológicos.

Los dos derechos fundamentales de **privacidad y protección de datos están estrechamente relacionados** y en parte se superponen. Sin embargo, la distinción entre ambos derechos se encuentra en la Carta de los Derechos Fundamentales de la UE, la cual deja claro que los dos derechos no son iguales.

---

18 Amann contra Suiza (TEDH 2000, 87) [GS], n° 27798/95.
19 Sentencia del Tribunal de Justicia (Gran Sala) de 9 de noviembre de 2010. Volker und Markus Schecke GbR (C-92/09) y Hartmut Eifert (C-93/09) contra Land Hessen. ECLI:EU:C:2010:662.

Como ha señalado el antiguo Grupo de Trabajo del artículo 29:

> «en su artículo 8, la Carta de los Derechos Fundamentales de la Unión Europea consagra la protección de los datos de carácter personal como un derecho autónomo, separado y diferente del derecho al respeto de la vida privada, mencionado en su artículo 7»[20]

En cambio, en el Convenio Europeo de Protección de Datos (CEDH), el derecho a la protección de datos se trata como una expresión del derecho a la privacidad. Sin embargo, la jurisprudencia del TEDH y del TJUE muestra que, a pesar de superposiciones sustanciales, también existen diferencias importantes entre ambos derechos.

La primera distinción entre privacidad y protección de datos radica en el **alcance** de ambos derechos. No todas las situaciones cubiertas por la ley de protección de datos están protegidas por el derecho a la privacidad, y viceversa. Como ya se mencionó anteriormente, «vida privada» y «derecho a la privacidad» son conceptos amplios. Además, como ya se ha subrayado, estos conceptos aún están evolucionando. Se podría decir que el **derecho a la privacidad es más amplio** que el derecho a la protección de datos personales, porque cubre muchas otras dimensiones además de la protección de la información personal.

El TEDH reconoce que la «vida privada» incluye la protección de datos personales, que se define como cualquier información relacionada con una persona identificada o identificable. Sin embargo, el TEDH no aplica el derecho a la privacidad a cada tratamiento de datos personales. De un análisis más detallado de la jurisprudencia, parece que el TEDH requiere un elemento adicional de privacidad para incluir los datos personales en el ámbito de la vida privada: o el tratamiento debe ser intrusivo para la vida privada del individuo (por ejemplo, cuando el tratamiento de datos se refiere a datos médicos o de salud, o datos de menores u otros grupos vulnerables) o el tratamiento de datos es permanente o de larga duración, por lo que es en violación del derecho a la privacidad.

En cuanto al alcance sustantivo, el derecho a la protección de datos cubre todo el tratamiento de información personal relacionada con una persona identificada o identificable, independientemente de si su tratamiento tiene algún efecto sobre la privacidad. El derecho a la protección de datos personales puede verse como un derecho fundamental que protege todos los datos personales, incluso fuera del contexto de la «vida privada», que tiene como objetivo facilitar el tratamiento de datos y no prohibirlo. En cuanto al **ámbito personal**, las personas jurídicas están, en principio, excluidas del derecho a la protección de datos, mientras que el TEDH ha reconocido que las personas jurídicas disfrutan del derecho a la privacidad.

Por lo que respecta a las **limitaciones**, la protección del derecho a la intimidad prohíbe conductas que puedan constituir una injerencia en el derecho protegido, salvo que se pueda demostrar que dicha injerencia está justificada. Como se mencionó anteriormente, de acuerdo con el artículo 8 (2) del CEDH, esto significa que la injerencia debe realizarse de conformidad con la ley, debe perseguir uno o más fines legítimos y debe ser «necesaria en una sociedad democrática» para lograr esos objetivos. En el caso del derecho a la protección de los datos personales, la Carta de la UE lo reconoce explícitamente. Además del artículo 52 (1), que regula las limitaciones a los derechos y libertades de la Carta, el artículo 8 (2) se refiere a las condiciones de legalidad del tratamiento de datos. Establece que los datos personales **deben tratarse de manera justa para fines específicos y sobre la base del consentimiento** de la persona interesada o sobre alguna otra base legítima establecida por la ley. Si se cumplen estas condiciones, no hay interferencia con el derecho a la protección de datos, aunque la recopilación, el almacenamiento o la divulgación de dichos datos aún pueden interferir con la vida privada y, por lo tanto, pueden requerir una justificación. En lo que respecta al artículo 8 de la Carta, se aplicará el artículo 52, apartado 1, si no se cumplen las condiciones establecidas en el artículo 8, apartado 2, para el tratamiento legal de datos. En otras palabras, en el caso de la protección de datos personales, la atención no se centra en la prohibición de injerencias injustificadas, sino en las condiciones que deben respetarse para facilitar el tratamiento legal de los datos.

El artículo 51 del RGPD establece que los estados miembros establecerán **Autoridades de Protección de Datos** (APD) que:

---

20 Dictamen 4/2007 sobre el concepto de datos personales, adoptado el 20 de junio WP 136, p. 7.

— sean responsables del seguimiento de la aplicación del reglamento en su territorio,

— proporcionen asesoramiento sobre cuestiones relacionadas con la protección de datos (por ejemplo, sobre medidas administrativas o reglamentaciones),

— estén dotados de poderes de investigación, poder de intervención efectivo (por ejemplo, poder de acceso), poder de entablar procedimientos legales y competencia para tramitar reclamaciones relacionadas con la protección de datos.

Las APD desempeñan un papel importante en la reparación de las violaciones de la protección de datos y, a menudo, actúan como el primer punto de contacto para las víctimas de dichas violaciones. Además, dichas autoridades actuarán con total **independencia**. El artículo 8, apartado 3, de la Carta y el artículo 16 (2) del TFUE prevén el control del cumplimiento por parte de una APD independiente. De hecho, el TJUE ha subrayado repetidamente la importancia de tal independencia (véanse los asuntos C-518/07 Comisión contra Alemania y C-614/10 Comisión contra Austria).

En resumen, el derecho a la protección de datos personales consagrado en el artículo 8 de la Carta de la UE es diferente en ciertos aspectos al derecho a la privacidad protegido en el artículo 7 de la Carta de la UE y el artículo 8 del CEDH. Sin embargo, estos dos derechos **a veces pueden superponerse** y la distinción entre ellos no siempre es clara en la práctica. Por lo tanto, el análisis del TJUE y el TEDH ha servido para comprender las diferencias entre los dos derechos, aunque la jurisprudencia también muestra que los dos derechos están interrelacionados.

El concepto de **tratamiento de datos personales** es integral tanto en la legislación de la UE como en la del CoE. Se entiende por tratamiento:

> «cualquier operación o conjunto de operaciones realizadas sobre datos personales o conjuntos de datos personales, ya sea por procedimientos automatizados o no, como la recogida, registro, organización, estructuración, conservación, adaptación o modificación, extracción, consulta, utilización, comunicación por transmisión, difusión o cualquier otra forma de habilitación de acceso, cotejo o interconexión, limitación, supresión o destrucción» (artículo 4 del RGPD y artículo 2 c) del Convenio 108).

El **responsable del tratamiento** se define como alguien que determina los fines y los medios del tratamiento de datos personales (artículo 4 (7) del RGPD y artículo 2 d) del Convenio 108). La decisión de un responsable establece por qué y cómo se tratarán los datos. En cambio, el **encargado del tratamiento** es alguien que procesa datos personales en nombre de un responsable (artículo 4 (8) del RGPD y artículo 2 d) del Convenio 108). Las actividades encomendadas a un encargado pueden estar limitadas a una tarea o un contexto muy específico o pueden ser bastante generales y completas. Tanto los responsables del tratamiento como los encargados del tratamiento pueden ser personas físicas o jurídicas, autoridades, agencias o cualquier otro organismo. Los conceptos de un responsable y encargado del tratamiento son similares según las leyes de la UE y el CdE.

Por ejemplo, el director de la compañía A decide que la compañía B, un especialista en análisis de mercado, debe realizar un análisis de mercado de los datos de los clientes de A. La compañía A sigue siendo el responsable del tratamiento y la compañía B es solo un encargado. De acuerdo con el contrato, la compañía B puede usar los datos del cliente de la compañía A solo para los fines que la compañía A determine.

En cuanto a la **relación** entre el responsable del tratamiento y el encargado del tratamiento, hay que destacar que los responsables del tratamiento y los encargados del tratamiento son dos entidades independientes con diferentes tareas y responsabilidades. El responsable decide procesar datos personales de otros, mientras que el encargado procesa datos personales en nombre de un responsable. La responsabilidad del tratamiento legal de datos recae principalmente en el responsable, quien debe supervisar al encargado para garantizar que sus acciones cumplan con la ley de protección de datos. Sin embargo, los encargados se convierten en responsables si utilizan los datos para sus propios fines, sin seguir las instrucciones de un responsable, al menos en la medida en que se infrinjan las instrucciones del responsable.

El RGPD introduce una definición de **corresponsables del tratamiento** en el caso de que dos o más responsables determinen conjuntamente el propósito y los medios del tratamiento de datos personales (artículo 26 del RGPD). El RGPD también introduce ciertos cambios con respecto a las relaciones del responsable/encargado/interesado. El RGPD impone un alto deber de cuidado a los responsables en la selección de los encargados. El artículo 28, apartado 1, estipula que:

> «Cuando se vaya a realizar un tratamiento por cuenta de un responsable del tratamiento, este elegirá únicamente a un encargado que ofrezca garantías suficientes para aplicar medidas técnicas y organizativas apropiadas, de manera que el tratamiento sea conforme con los requisitos del presente reglamento y garantice la protección de los derechos del interesado.»

De acuerdo con el artículo 28 (3), el tratamiento por parte de un encargado se regirá por un contrato entre el responsable y el encargado (u otro acto legal) que «establezca el objeto, la duración, la naturaleza y la finalidad del tratamiento, el tipo de datos personales y categorías de interesados, y las obligaciones y derechos del responsable». Además, el artículo 28, apartado 3, enumera los elementos específicos que deben incluirse en dichos contratos. Los propios encargados del tratamiento también estarán sujetos a ciertas obligaciones en virtud del RGPD y pueden ser responsables del incumplimiento de estas obligaciones. Los interesados cuyos derechos hayan sido infringidos tendrán derecho a un recurso judicial efectivo contra el responsable del tratamiento o contra el encargado del tratamiento responsable de la infracción. Además, los interesados que sufrieron daños como resultado de una infracción del RGPD tendrán derecho a recibir una compensación del responsable o encargado del tratamiento.

Hay determinados datos que se consideran **sensibles**, y, por ello, reciben una protección reforzada según el RGPD. En virtud de la legislación de la UE y del CdE, existen las categorías especiales de datos personales (o datos sensibles), que, por su naturaleza, pueden suponer un riesgo mayor para los interesados cuando se tratan, por lo que necesitan una mayor protección. El tratamiento de estas categorías especiales de datos está, en principio, **prohibido** y puede permitirse excepcionalmente solo con salvaguardias específicas y siempre que se cumplan condiciones especiales. El convenio 108 incluye en su artículo 6 las siguientes categorías:

- datos personales que revelen el origen racial o étnico;
- datos personales que revelen opiniones políticas, creencias religiosas o de otro tipo;
- datos personales relacionados con la salud o la vida sexual.

El RGPD, en su artículo 9 (1), amplía el catálogo de datos sensibles e incluye:

- la afiliación sindical;
- los datos genéticos y biométricos que se procesan «para identificar de forma única a una persona»;
- los datos de orientación sexual.

Hay que destacar que el convenio 108 enumera los datos relacionados con condenas penales como datos sensibles. Según el RGPD, dichos datos también se tratan de una manera especial, pero no se incluyen en las «categorías especiales» de datos personales enumerados en el artículo 9 (1) del RGPD. De acuerdo con el RGPD, el tratamiento de dichos datos debe llevarse a cabo solo bajo el control de una autoridad oficial o cuando el tratamiento esté autorizado por una ley de la Unión o de un estado miembro que establezca las garantías adecuadas para los derechos y las libertades de los interesados. Aun así, en la actualidad, los datos personales relacionados con condenas penales se consideran «datos sensibles» en algunos estados miembros y están protegidos de la misma forma que las «categorías especiales de datos» enumeradas en el artículo 9 (1) del RGPD.

ACTIVIDAD 1. DATOS SENSIBLES

Una empresa desea implementar un sistema biométrico basado en un lector de huella dactilar y te pide asesoramiento. A continuación, responde a las siguientes preguntas:

   i. ¿Es posible implementar un sistema de lector de huella para permitir la entrada o no a los clientes (por ejemplo, en gimnasios)? Ten en cuenta el Dictamen 29 WP 3/2012 sobre la evolución de tecnologías biométricas.

   ii. ¿Es posible implementar dicho sistema en una empresa con sus trabajadores para controlar los accesos a efectos de seguridad? ¿En todos los casos? Ten en cuenta el Dictamen de la Autoridad Catalana de Protección de Datos 63/2018 sobre huella dactilar.

---

2. Los orígenes de la legislación de protección de datos de la UE

La Unión Europea otorga un gran valor a la privacidad. De hecho, las constituciones de los estados miembros otorgan protección directa a este derecho, y por ello la UE ha hecho lo mismo a nivel unitario.

El derecho a la privacidad y el derecho a la protección de datos están protegidos por instrumentos legales desarrollados por el CdE y la UE. Estos dos ordenamientos europeos convergen, pero también difieren en ciertos aspectos, y ambos deben ser tenidos en cuenta por los profesionales del derecho a la hora de abordar los derechos a la privacidad y la protección de datos.

2.1. Regulación por el Consejo de Europa

a. Convención Europea de Derechos Humanos (CEDH)

La Convención Europea de Derechos Humanos (CEDH) fue adoptada en 1950 y entró en vigor en 1953. Actualmente, 47 países forman parte de la convención, incluidos todos los estados miembros de la UE. Se considera que el CEDH proporciona la protección individual más eficaz contra las violaciones de los derechos humanos en Europa, principalmente debido al establecimiento del Tribunal Europeo de Derechos Humanos (TEDH).

El artículo 8, apartado 1, del CEDH establece una serie de derechos que el estado debe garantizar a las personas: **el derecho a la vida privada, la vida familiar, el domicilio y la correspondencia**.

El TEDH aún no ha ofrecido una definición clara y precisa de lo que se entiende por «vida privada». Según el TEDH, el concepto de vida privada es claramente más amplio que el derecho a la privacidad y se refiere a un ámbito en el que todos pueden perseguir libremente el desarrollo y la realización de su personalidad.

Este artículo establece claramente el derecho a estar libre de registros policiales ilegales, pero la Corte, además, ha otorgado una interpretación amplia de la protección a la «vida privada y familiar». Esto puede compararse con la jurisprudencia de la Corte Suprema de los Estados Unidos, que también ha adoptado una interpretación algo amplia del derecho a la privacidad.

Además, el artículo 8 a veces incluye obligaciones positivas: mientras que los derechos humanos clásicos se formulan en el sentido de que prohíben a un estado interferir con los derechos y, por lo tanto, no hacer algo (por ejemplo, no separar una familia bajo la protección de la vida familiar), el disfrute efectivo de tales derechos también puede incluir la **obligación del estado de actuar y hacer algo** (por ejemplo, hacer cumplir el derecho de visita de un padre divorciado a su hijo).

El alcance del artículo 8 sigue evolucionando en la jurisprudencia del TEDH de acuerdo con la naturaleza del TEDH como un instrumento vivo, que requiere que sea interpretado a la luz de las cambiantes condiciones sociales, legales o tecnológicas para que sea práctico y eficaz (Tyrer contra Reino Unido).

Por lo tanto, cabe concluir que el TEDH ha dado al artículo 8 una **interpretación muy amplia** en su jurisprudencia. Hasta ahora, el TEDH ha aceptado que el artículo 8 cubre, por ejemplo, el almacenamiento de información sobre la vida privada de una persona (Leander contra Suecia), la vigilancia e interceptación de comunicaciones telefónicas y postales (Klass contra Alemania), la vigilancia en el lugar de trabajo (Copland contra el Reino Unido), uso de CCTV (Peck contra el Reino Unido), la protección de la imagen personal (Von Hannover contra Alemania) y reputación (Pfeifer contra Austria). Además, el artículo 8 no solo abarca una esfera dentro de la cual cada individuo puede desarrollar y realizar libremente su personalidad, sino que también se extiende a la posibilidad de desarrollar relaciones con los demás y con el mundo exterior (Niemietz contra Alemania).

Sin embargo, según el artículo 8 (2) del CEDH, el convenio reconoce que la injerencia de una autoridad en el derecho de una persona a la privacidad puede estar justificada como necesaria en interés de la seguridad nacional, la seguridad pública o la prevención del delito. Esta disposición justifica que, en algunas circunstancias, los estados miembros de la UE podrían anteponer la seguridad colectiva al derecho a la privacidad.

En cuanto a los **requisitos para se reconozca una injerencia**, el artículo 8, apartado 2, del CEDH aclara que los derechos establecidos en el artículo 8, apartado 1, no son absolutos e indica las circunstancias en las que las autoridades pueden interferir válidamente con esos derechos. Cualquier restricción con respecto a estos derechos debe cumplir con una prueba de tres partes:

— **Debe realizarse de acuerdo con la ley**
La restricción al derecho debe estar prevista por ley. Un requisito clave para una base jurídica suficiente es que la interferencia sea accesible para las personas interesadas y previsibles en cuanto a sus efectos. Esto significa que debe formularse con la suficiente precisión y permitir a cualquier individuo (con el asesoramiento adecuado si es necesario) regular su conducta. Las reglas de naturaleza muy general no cumplen con este estándar (Amann contra Suiza).

Por ejemplo, en Rotaru contra Rumania, el TEDH determinó una violación del artículo 8 del CEDH porque la ley rumana permitía recopilar, registrar y archivar en archivos secretos información que afectara la seguridad nacional sin establecer límites al ejercicio de esos poderes, que seguían siendo a discreción de las autoridades. En ese caso, la legislación nacional no definió el tipo de información que se podía tratar, las categorías de personas contra las que se podían tomar medidas de vigilancia, las circunstancias en las que se podían tomar tales medidas o el tratamiento a seguir. Debido a estas deficiencias, el TEDH concluyó que la legislación nacional no cumplía con el requisito del artículo 8 del CEDH, por lo que hubo una violación del derecho a la privacidad.

— **Debe perseguir uno o más fines legítimos**
En el artículo 8 (2), el CEDH establece una lista limitada de objetivos legítimos que pueden justificar una injerencia en la privacidad, que son: los intereses de la seguridad nacional, la seguridad pública, el bienestar económico del país, la prevención de desórdenes o la delincuencia, la protección de la salud o la moral y la protección de los derechos y libertades de los demás. En Peck contra el Reino Unido el demandante intentó suicidarse en la calle, sin saber que una cámara de circuito cerrado de televisión lo había filmado durante el intento. Después de que la policía, que estaba mirando las cámaras de CCTV, lo rescató, pasó las imágenes de CCTV a los medios de comunicación, que las publicaron sin enmascarar el rostro del solicitante. El TEDH determinó que no existían razones pertinentes o suficientes que justificaran la divulgación directa de las imágenes por parte de las autoridades al público sin haber obtenido el consentimiento del solicitante ni enmascarar su identidad. El TEDH concluyó que se había producido una violación del artículo 8 del CEDH.

— **Debe ser «necesario en una sociedad democrática» para lograr esos objetivos**
En cuanto a si la injerencia es necesaria en una sociedad democrática, el TEDH sostiene que cualquier injerencia debe estar respaldada por razones pertinentes y suficientes y debe ser proporcionada a los objetivos legítimos perseguidos. En Leander contra Suecia, el TEDH dictaminó que el escrutinio secreto de las personas que solicitan empleo en puestos de importancia para la seguridad nacional no es, en sí mismo, contrario al requisito de ser necesario en una sociedad democrática. Las salvaguardias especiales establecidas en la legislación nacional para proteger los intereses del interesado (por ejemplo, los

controles ejercidos por el Parlamento y el canciller de Justicia) dieron lugar a la conclusión del TEDH de que el sistema sueco de control de personal cumplía los requisitos del artículo 8 (2) del CEDH. Teniendo en cuenta el amplio margen de apreciación con que contaba, el estado demandado tenía derecho a considerar que, en el caso del demandante, los intereses de la seguridad nacional prevalecían sobre los individuales. El TEDH concluyó que no se había producido una violación del artículo 8 del CEDH.

> El TEDH examina estos tres requisitos cada vez que se enfrenta a una queja en virtud del artículo 8.

Para determinar si las medidas adoptadas por el estado son compatibles con el artículo 8, se le otorga al estado un cierto grado de discrecionalidad, conocido como **margen de apreciación**. El margen de apreciación es especialmente amplio cuando no existe un consenso europeo sobre cuestiones que poseen connotaciones culturales y arraigadas y para las que, por lo tanto, se considera que los estados están en la mejor posición para evaluar y responder a las necesidades de la sociedad. Por otro lado, cuando la práctica común con respecto a cierta materia sea obvia entre los países europeos, entonces el margen de apreciación será estrecho y el escrutinio del TEDH será más estricto. En Gardel contra Francia, el TEDH concluyó que el objetivo preventivo de la base de datos de delincuentes sexuales, en la que se registraron los detalles del demandante después de una sentencia de 15 años de prisión por la violación de un menor, podría representar una vía para el estado de cumplir con su obligación de proteger a los grupos vulnerables de formas de actividad delictiva particularmente grave. El TEDH sostuvo que el estado tenía la facultad discrecional de aplicar tales medidas y que el equilibrio alcanzado entre los intereses públicos y privados en cuestión era justo, por lo que no violaba el artículo 8 del CEDH.

b. Convención 108 del Consejo de Europa en 1981

Como ya hemos visto, el derecho a la protección de los datos personales abarca la protección de la privacidad, pero se extiende más allá. La protección de datos consiste en garantizar el respeto de los derechos y las libertades fundamentales, y en particular (es decir, no solo) el derecho del sujeto de datos a la privacidad. Esto se explica con más detalle en la exposición de motivos del convenio para la protección de las personas en lo que respecta al tratamiento automático de datos personales (convenio 108).

El convenio 108 se aprobó en 1981 y entró en vigor en 1985. Es el primer instrumento internacional jurídicamente vinculante que trata explícitamente de la protección de datos. En 2001, se adoptó un protocolo adicional al convenio 108, que introduce disposiciones sobre flujos transfronterizos de datos a terceros países y sobre el establecimiento obligatorio de autoridades nacionales de supervisión de protección de datos. Todos los estados miembros de la UE forman parte del convenio 108.

Este convenio es el primer instrumento internacional jurídicamente **vinculante** adoptado en el ámbito de la protección de datos. Su finalidad es:

> «garantizar, en el territorio de cada parte, a cualquier persona física, sean cuales fueren su nacionalidad o su residencia, el respeto de sus derechos y libertades fundamentales, concretamente su derecho a la vida privada, con respecto al tratamiento automatizado de los datos de carácter personal correspondientes a dicha persona ("protección de datos")» (artículo 1)

El convenio 108 protege a las personas contra los abusos que pueden acompañar al tratamiento de datos personales, y busca regular al mismo tiempo los flujos transfronterizos de datos personales. Desde 1981, esta definición ha evolucionado y ahora incluye la «recopilación de datos». Se aplica a todo el tratamiento de datos realizado por el sector público y privado, así como al tratamiento de datos por parte de las autoridades judiciales y policiales.

El convenio 108 se ha modernizado recientemente. El convenio 108 modernizado se llama convenio 108+ y se adoptó en 2018 mediante el protocolo de enmienda STC 223. Actualmente reúne a 31 países firmantes, 15 de los cuales ya han ratificado el convenio.[21] Este incluye los siguientes **principios fundamentales**: *i*) el principio de limitación de la recopilación; *ii*) el principio de calidad de los datos; *iii*) el principio de especificación del propósito; *iv*) el principio de limitación de uso; *v*) las garantías de seguridad del principio; *vi*) el principio de apertura; *vii*) el principio de participación individual, y *viii*) el principio de rendición de cuentas.

2.2. Regulación de la Unión Europea

a. La Carta de Derechos Fundamentales de la UE

En 2000, la UE proclamó la Carta de los Derechos Fundamentales de la Unión Europea (en adelante, la Carta). La Carta incorpora una serie de derechos civiles, políticos, económicos y sociales para los ciudadanos europeos, que sintetizan las tradiciones constitucionales de los estados miembros y las obligaciones internacionales comunes a todos los estados miembros de la UE. La Carta se convirtió en legalmente vinculante como ley primaria de la UE en 2009. Las instituciones de la UE, así como los estados miembros, al implementar la legislación de la UE, deben respetar y garantizar los derechos incluidos en la Carta (artículo 51 de la Carta).

Los derechos a la vida privada y familiar y la protección de datos están protegidos por los **artículos 7 y 8 de la Carta**. A diferencia del CEDH, la Carta de la UE no solo garantiza el respeto a la vida privada y familiar (artículo 7), sino que también establece el derecho a la protección de datos (artículo 8), elevando explícitamente el nivel de esta protección al de un derecho fundamental en la UE. De hecho, cuando la Carta incorporó el derecho de protección de datos, este ya existía en la antigua directiva de protección de datos (DPD).

Los derechos fundamentales protegidos por los artículos 7 y 8 de la Carta, al igual que los derechos protegidos por el artículo 8 del CEDH, **no son absolutos** y pueden estar sujetos a limitaciones. El artículo 52 (1) de la Carta establece varias limitaciones a los derechos y las libertades reconocidos por la Carta. Las limitaciones son admisibles solo si:

a) están previstas por la ley;
b) respetan la esencia de los derechos reconocidos por la Carta;
c) son necesarias y están sujetas al principio de proporcionalidad, y
d) cumplen objetivos de interés general reconocidos por la Unión o la necesidad de proteger los derechos y libertades de los demás.

El artículo 52, apartado 1, de la Carta recuerda al artículo 8, apartado 2, del CEDH, ya que ambos funcionan de manera similar. En general, la Carta y el CEDH están estrechamente vinculados y la interpretación de la Carta sigue la del convenio (52 (3) de la Carta). Sin embargo, la Carta agrega un elemento adicional: **la obligación de que las limitaciones al ejercicio de los derechos y libertades en virtud de la Carta «respeten la esencia de esos derechos y libertades»**. Además, la Carta está redactada de forma más abierta en lo que respecta a objetivos de interés general reconocidos por la Unión o la necesidad de proteger los derechos y las libertades de los demás, mientras que el CEDH contiene, en el artículo 8, apartado 2, una lista limitada de «objetivos legítimos».

Por ejemplo, en el caso Volker y Markus Schecke, el TJUE tuvo que juzgar la proporcionalidad de la publicación, requerida por un acto legislativo de la UE, del nombre de los beneficiarios de las subvenciones agrícolas de la UE y las cantidades que recibieron. El TJUE, señalando que el derecho a la protección de datos no es absoluto, argumentó que la publicación en un sitio web de los datos que nombran a los beneficiarios de dos fondos de ayuda agrícola de la UE y de las cantidades precisas recibidas constituye una injerencia en su vida privada, en general, y en la protección de sus datos personales, en particular. El TJUE

---

21 Ver la lista actualizada en https://www.coe.int/en/web/conventions/full-list/-/conventions/treaty/223/signatures?module=signatures-by-treaty&treatynum=223 (último acceso 14 de diciembre de 2023).

consideró que dicha injerencia en los artículos 7 y 8 de la Carta estaba prevista por la ley y cumplía un objetivo de interés general reconocido por la UE, el de mejorar la transparencia del uso de los fondos comunitarios. Sin embargo, el TJUE sostuvo que la publicación de los nombres de las personas físicas beneficiarias de las ayudas agrícolas de la UE de estos dos fondos y de los importes exactos recibidos constituía una medida desproporcionada y no estaba justificada, habida cuenta del artículo 52, apartado 1, de la Carta. Por lo tanto, el Tribunal declaró parcialmente inválida la ley de la UE sobre la publicación de información relativa a los beneficiarios de los fondos agrícolas europeos.

b. El Tratado de Lisboa

El Tratado de Lisboa ha cambiado el marco europeo en materia de protección de datos personales. Desde que entró en vigor el Tratado de Lisboa en diciembre de 2009, la UE ha añadido bases jurídicas en materia de protección de datos: **artículo 16 TFUE** y artículo 39 TUE. Según el artículo 16.2 TFUE:

> «El Parlamento Europeo y el Consejo establecerán, con arreglo al procedimiento legislativo ordinario, las normas sobre protección de las personas físicas respecto del tratamiento de datos de carácter personal por las instituciones, órganos y organismos de la Unión, así como por los estados miembros en el ejercicio de las actividades comprendidas en el ámbito de aplicación del derecho de la Unión, y sobre la libre circulación de estos datos. El respeto de dichas normas estará sometido al control de autoridades independientes.»

La base jurídica del artículo 16 TFUE, junto con el carácter vinculante del artículo 8 de la Carta de Derechos Fundamentales, es muy importante en términos de jerarquía, porque, antes del Tratado de Lisboa, la UE solo tenía derecho derivado, pero no una base jurídica concreta en materia de protección de datos. Hoy en día, el principio de protección de datos personales es enteramente derecho primario de la UE, ya que es un derecho fundamental explícitamente previsto en el tratado, por lo que, en teoría, el tratado prevalecería si algún acuerdo internacional o legislación de derecho derivado lo confrontara.

3. El Reglamento General de Protección de Datos

Los avances tecnológicos y las medidas de seguridad globales actuales han tenido un impacto en el tratamiento de los datos personales. Los flujos transfronterizos de datos personales pronto se extendieron más allá de las fronteras europeas, así como más allá de los intereses comerciales puros. La compraventa experimentó una enorme digitalización en los últimos veinte años, en los que las compras en línea han aumentado significativamente. Esto significa que no solo las empresas de la UE pueden tratar datos personales en una transacción comercial, sino también que las empresas con sede fuera de las fronteras europeas pueden recopilar, procesar y almacenar fácilmente datos de ciudadanos de la UE. Por ello, era necesario un nuevo instrumento de regulación de la protección de datos personales en la UE.

La Comisión Europea presentó su reforma de protección de datos de la UE en 2012 para adaptar Europa a la era digital, creando un conjunto más armonizado de normas aplicables en toda la UE y reforzando los derechos fundamentales de los ciudadanos. La mayoría de los europeos quieren los mismos derechos de protección de datos en toda la UE e independientemente del lugar en el que se procesen los datos. El RGPD fue adoptado en 2016.

En 2018, la directiva 95/46/CE fue reemplazada oficialmente por el Reglamento General de Protección de Datos (RGPD). Fue adoptado como parte del paquete de reforma de protección de datos de la UE, que consistía en el RGPD y la directiva de protección de datos para el sector policial y judicial.

En cuanto a la naturaleza del RGPD, cabe destacar que se trata de un reglamento y no de una directiva. Eso significa que se aplica y se ha adaptado de manera uniforme a los 27 países de la UE. Los reglamentos tienen efecto directo para los individuos desde el momento en que entran en vigor. En cambio, una directiva es solo vinculante en cuanto al resultado que se desea lograr, pero deja a cada autoridad nacional la elección de la forma y los métodos. Así pues, se optó por un reglamento precisamente para evitar la fragmentación de las normas sobre datos personales en los diferentes estados miembros de la UE.

3.1. Los principios de la protección de datos

Los **principios** de la protección de datos que regula el RGPD son los siguientes:

1. Transparencia: los responsables del tratamiento deben proporcionar a los afectados información concisa, transparente, inteligible y de fácil acceso sobre el tratamiento de sus datos personales.
2. Lealtad: el tratamiento debe ser justo y evitar un impacto indebido en el interesado. Por ejemplo, no debe negar a las personas el acceso a oportunidades de empleo, crédito o seguros, ni penalizarlos con productos financieros excesivamente arriesgados o costosos.
3. Principio de limitación de la finalidad: el tratamiento debe limitarse a los fines para los que se recopilaron los datos.
4. Principio de minimización de los datos: la recogida de datos debe ser necesaria, y además los responsables del tratamiento deben considerar alternativas como la agregación o el anonimato. Es decir, solo se deben procesar datos si dicho tratamiento es adecuado y necesario para el propósito. Además, los datos deben estar seudononimizados.
5. Principio de exactitud: los responsables del tratamiento deben introducir medidas sólidas para verificar y garantizar que los datos reutilizados u obtenidos indirectamente estén actualizados. Los datos deben ser exactos y correctos, y si hay un error, debe modificarse sin demora.
6. Principio de integridad y confidencialidad: se deben establecer las medidas de seguridad adecuadas. Si hay un tratamiento ilegal de datos, una pérdida de datos o una destrucción o daño de datos, estos deben ser notificados, de lo contrario la empresa podría ser sancionada.
7. Limitación de almacenamiento: se advierte a los responsables del tratamiento que el almacenamiento de los datos personales recopilados durante períodos prolongados puede entrar en conflicto con la consideración de proporcionalidad, incluso si satisface la especificación del propósito y los requisitos de relevancia.
8. Principio de rendición de cuentas: se trata de una responsabilidad proactiva (antes la responsabilidad era un principio «reactivo»). El responsable del tratamiento debe evaluar los riesgos del tratamiento de datos con anticipación. Debe probarse que la protección de datos ha sido establecida con el propósito de cumplir con las leyes. Se debe demostrar que ha tomado las medidas adecuadas y que ha implementado las salvaguardias necesarias en todas las áreas del tratamiento. En este sentido, el artículo 35 RGPD establece la obligación de realizar evaluaciones de impacto en la privacidad, evaluando los riesgos a medida que se diseña el producto, y el artículo 25 establece la necesidad de medidas de privacidad por diseño y privacidad por defecto, para construir la privacidad desde el principio, y que existan características de privacidad integrales en una empresa. A todo esto, habría que añadir, también, el nombramiento de delegado de protección de datos (DPD).

3.2. La extraterritorialidad

El artículo 3 del RGPD regula el principio de extraterritorialidad. Consiste en que el reglamento no solo se aplica en suelo europeo, sino que las **empresas con sede fuera de la UE** también deben aplicar las mismas normas cuando ofrecen servicios en la UE. Así, este principio pone fin a la norma anterior, que basaba la aplicación en el país de establecimiento de la compañía en vez de el país de destino (donde reside la persona cuyos datos son tratados). El RGPD tiene, pues, impacto en aquellas compañías que se encuentran fuera de la UE, pero que funcionan como empresas activas en la UE.

Para que se aplique el RGPD, se debe cumplir, pues, alguno de estos **requisitos**:

a) Que la empresa tenga establecimiento en uno o más países de la UE.

b) Que la empresa disponga de bienes y servicios en la UE, aunque no conlleven pago (bienes y servicios gratuitos).

c) Que la empresa recoja y realice un seguimiento de información sobre el comportamiento y preferencias de residentes y ciudadanos de la UE (por ejemplo, mediante *cookies*).

Así pues, el RGPD tiene un alcance material mucho más amplio que la anterior directiva 95/46/CE, ya que se aplica a cualquier dato personal de un ciudadano de la UE independientemente de donde se encuentre la empresa. La supresión de límites geográficos ha hecho que muchas multinacionales que se encuentran en países como los Estados Unidos, China, Corea del Sur, Singapur o Canadá hayan tenido que adaptar sus términos y condiciones conforme al reglamento. El elemento decisivo para saber si una empresa debe aplicar el reglamento es en función de si presta servicios o bienes a ciudadanos europeos.

3.3. Los encargados del tratamiento

El artículo 28 del RGPD incorpora **responsabilidades** para los encargados del tratamiento de datos personales. Esto se aleja de la regulación de la anterior directiva 95/46, ya que esa normativa no se aplicaba a encargados del tratamiento, solamente a los responsables del tratamiento, lo que provocó que muchas empresas se caracterizaran erróneamente como encargados del tratamiento, como, por ejemplo, los motores de búsqueda[22] o los proveedores de alojamiento en la nube, para evitar someterse a la normativa de protección de datos.

Así, el reglamento reconoce la complejidad de los datos modernos, y que las relaciones de tratamiento de datos han avanzado entre responsables y encargados del tratamiento. Establece reglas directas para los encargados del tratamiento y obligaciones de responsabilidad, como la necesidad de llevar registros, tener que designar DPD, tener que informar sobre violaciones de la protección de datos, etc.

En cambio, con la directiva 95/46, solo había dos cosas que debían estar presentes en los contratos con encargados del tratamiento:

a) el encargado del tratamiento debe actuar solo bajo las instrucciones del responsable del tratamiento;
b) el encargado del tratamiento debe tener implementadas las medidas de seguridad técnicas y organizativas adecuadas

Ahora, además, se requiere que los encargados apliquen medidas de confidencialidad a los datos y que incorporen controles de subcontratación como cláusulas modelos para posibles subencargados del tratamiento.

3.4. El consentimiento

El consentimiento previo debe ser:

— Libre.
— Informado: se debe informar antes de recogerlo.
— Específico: hay que consentir de forma individual cada uno de los fines, y cada finalidad debe distinguirse claramente de las demás.
— Inequívoco: el lenguaje debe ser simple, claro y sencillo, no se permite el consentimiento tácito, o el consentimiento con casillas previamente marcadas. La anterior directiva 95/46 decía que el consentimiento debía ser directo, específico, informado y otorgado libremente. El RGPR agrega que el

---

22 Véase el caso C131/12, Google Spain SL and Google Inc. v Agencia Española de Protección de Datos (AEPD), 13 de mayo de 2014.

consentimiento también debe ser inequívoco, y esto tiene efectos significativos sobre las *cookies*. Por ejemplo, los *banners* deben colocarse visiblemente para informar al usuario de que se están usando *cookies*, dándoles la oportunidad de desactivarlas.

— Explícito: este tipo de consentimiento es solo para categorías especiales de datos (que ahora también incluye datos genéticos y biométricos) o para *spam* (comunicación electrónica de publicidad).

En el caso de **menores**, debe remarcarse que, según el reglamento, estos pueden dar su consentimiento a partir de los 16 años, aunque los proveedores de servicios de Internet pueden regular su propia edad de consentimiento, siempre que sea al menos de 13 años. Esta es la edad mínima para dar el consentimiento sin autorización de los padres.

ACTIVIDAD 2. DATOS PERSONALES DE MENORES

Un fabricante de juguetes ha diseñado un juguete innovador llamado «Osito feliz». Se trata de un oso de peluche adorable, con conexión a Internet 24/7 y que puede detectar si el niño (de 4 a 8 años) tiene fiebre mediante un sensor con pulsímetro incorporado en los brazos del peluche. El peluche va conectado a una aplicación que pueden descargarse los padres y que les avisa cuando el niño tiene fiebre. Además, el fabricante decide incorporar un sistema de tratamiento de voz, para detectar las palabras que diga el niño y utilizar la información con fines comerciales.

  i. ¿A partir de qué edad el menor puede autorizar el tratamiento de sus datos sin el consentimiento del padre/madre o tutor? Responde a la pregunta citando los correspondientes artículos del RGPD y LOPDGDD.

  ii. Analiza este producto, valorando el cumplimiento, o no, de los principios de (*i*) privacidad por defecto, (*ii*) privacidad en el diseño y (*iii*) minimización de los datos.

  iii. Teniendo en cuenta el dictamen 29WP 2/2010 sobre publicidad comportamental en línea, valora si es posible el tratamiento de la voz de los menores con fines comerciales, sin vulnerar la normativa de protección de datos, y en caso afirmativo, cómo debería realizarse.

3.5. Derechos del interesado

El reglamento fortalece los derechos individuales. Ya en la directiva 95/46 se establecían los derechos de acceso, rectificación, supresión y oposición de los datos que se tratan sobre ellos.

Los requisitos establecen que el responsable del tratamiento tiene **un mes** para hacer efectivas las peticiones, y no puede tener **ningún coste**. La única **excepción** para no responder positivamente a una solicitud solo se podría dar si se justifica por motivos de seguridad nacional u orden público.

El alcance de estos derechos es más amplio con el reglamento. Además, con el sistema de ventanilla única, ahora es posible comenzar un procedimiento ante la autoridad de protección de datos del país del interesado, aunque la empresa que trate sus datos se encuentre en otro estado miembro.

- *Derecho a ser informado* (artículos 5, 13 y 14, y considerando 60 del RGPD)
  El reglamento establece un acceso más fácil a sus propios datos que la anterior directiva. Las personas tienen más información sobre cómo se procesan sus datos y esta información debe estar disponible de manera clara y comprensible. Por lo tanto, existe un derecho a conocer los datos que la empresa procesa sobre una persona antes del propio tratamiento de datos (o hasta un mes después si lo solicita el interesado). Esto debe incluir datos de contacto, la identidad del contacto, la finalidad del tratamiento, el destinatario de los datos, las posibles transferencias internacionales, la retención de datos, el procedimiento para el derecho de acceso, modificación, etc., y posibles transferencias posteriores de los datos. Este derecho puede verse sujeto a limitaciones, tal y como establece el artículo 23 del RGPD.

- *Derecho de acceso* (artículo 15, y considerando 63 del RGPD)
  Los ciudadanos de la UE pueden escribir a las empresas y decir «Me gustaría tener una copia de todos los datos personales que procesaste sobre mí», y las empresas deberán proporcionarlos. Antes, en algunos países era posible cobrar una pequeña tarifa por cumplir con dicha solicitud (por ejemplo, 6 euros en Irlanda o 10 libras en el Reino Unido), pero con el reglamento este derecho es siempre gratuito.

- *Derecho de rectificación* (artículo 16 del RGPD)
  Se trata de un derecho para modificar los datos personales de un afectado, o también de un derecho a complementar con datos adicionales. Si ha habido transferencia ulterior, esta también se debe modificar. Asimismo, el interesado puede solicitar que se le indique qué terceros tienen sus datos.

- *Derecho de supresión y derecho al olvido* (artículo 17 del RGPD)
  Este derecho permite al interesado retirar su contenido cuando los datos ya no sean necesarios para el propósito por el que fueron recogidos. Cuando los usuarios ya no deseen que se procesen sus datos y no existan motivos legítimos para conservarlos, los datos se deberán eliminar.

  Sobre la base de este derecho, las personas tienen la posibilidad de que sus datos se eliminen también de los motores de búsqueda. En este caso, las personas pueden escribir al motor de búsqueda y decir que quieren que se elimine su información, siempre que los motivos estén realmente validados.

  Hablamos de «derecho al olvido» porque los ciudadanos de la UE tienen derecho a solicitar la eliminación prolongada de sus datos personales. No solo la organización que trata los datos personales tendrá que borrarlos a petición del interesado, sino que la organización también tendrá que garantizar los esfuerzos para eliminar cualquier copia, enlace o replicación en Internet. Así, el artículo 17.2 RGPD establece

> «el responsable del tratamiento, teniendo en cuenta la tecnología disponible y el coste de su aplicación, adoptará medidas razonables, incluidas medidas técnicas, con miras a informar a los responsables que estén tratando los datos personales de la solicitud del interesado de supresión de cualquier enlace a esos datos personales, o cualquier copia o réplica de estos.»

Es decir, cuando el responsable del tratamiento haya autorizado una publicación de datos personales por parte de un tercero, el responsable del tratamiento será considerado responsable de dicha publicación.

- *Derecho a la limitación del tratamiento* (artículo 18 del RGPD)
  Se trata de un derecho que prohíbe tramitar los datos mientras exista un procedimiento de supresión u oposición. Los datos podrían conservarse, pero no utilizarse.

- *Derecho de oposición* (artículo 21 del RGPD)
  Es aquel que permite a los interesados oponerse al tratamiento de sus datos personales. En este caso, la carga de demostrar que esos datos son necesarios recae en el responsable del tratamiento, quien debe justificar que dichos datos tienen interés público, razones imperiosas, derecho de defensa, investigación científica/histórica/estadística, etc.

  Además, el interesado se puede oponer también al tratamiento con fines de mercadotecnia directa. Al igual que en la directiva 95/46, en el RGPD las personas siempre tendrán derecho a optar por no participar en el marketing directo. Por lo tanto, si una empresa está enviando correos electrónicos a una persona y esta no quiere recibirlos, podrá rechazarlos.

- *Derecho de portabilidad* (artículo 20 del RGPD)
  La portabilidad de datos consiste en extraer los datos de un servicio y transferirlos a un nuevo proveedor de servicios. El objetivo es evitar que los datos se queden en un dispositivo con el que se ha trabajado durante varios años. Los proveedores de servicios deben facilitar la obtención de esos datos y enviarlos a un nuevo proveedor. Por lo tanto, con este derecho es más fácil transferir los datos personales de los usuarios entre proveedores de servicios. Por ejemplo, esto permitiría a los usuarios cambiar fácilmente de Gmail a Hotmail con todos sus datos.

3.6. La elaboración de perfiles (profiling)

Se trata de un procedimiento que tiene la capacidad de tomar decisiones por medios tecnológicos sin participación humana, que puede implicar una serie de deducciones estadísticas y a menudo se utiliza para realizar predicciones sobre personas mediante un tratamiento automatizado de datos. Consiste en evaluar o clasificar a las personas en función de sus características, con o sin propósito predictivo.

Según la definición del artículo 4 (4) del RGPD, se deben cumplir tres requisitos:

— tratamiento automatizado de datos personales,
— consistente en utilizar datos personales,
— con el objetivo de evaluar determinados aspectos personales de una persona física.

El artículo 22(1) **prohíbe** la toma de decisiones individual totalmente automatizada, incluida la elaboración de perfiles que tenga un efecto legal o de importancia similar. Sin embargo, el artículo 22 (2) establece tres **excepciones** a la prohibición del artículo 22 (1):

- Si el tratamiento es necesario para la ejecución o celebración de un contrato.
- Si el tratamiento está autorizado por la legislación de la Unión o de los estados miembros a los que está sujeto el responsable del tratamiento, y siempre que establezca las medidas adecuadas para salvaguardar los derechos y libertades y los intereses legítimos del interesado (por ejemplo, evitando la discriminación).
- Si se basa en el consentimiento explícito del interesado.

3.7. Protección de datos por diseño y por defecto

Según el artículo 25 del RGPD, hay que aplicar medidas técnicas y organizativas apropiadas con miras a garantizar que, por defecto, solo sean objeto de tratamiento los datos personales que sean necesarios para cada uno de los fines específicos del tratamiento.

Así pues, las salvaguardias de protección de datos deben integrarse en los productos y servicios desde la etapa más temprana de desarrollo, y deben incluirse configuraciones predeterminadas que respeten la privacidad (por ejemplo, en las redes sociales o aplicaciones móviles). Estas reglas fortalecen los derechos individuales de protección de datos de una manera práctica.

3.8. Notificación de violación de datos personales

Se encuentra regulado en los artículos 33 y 34 del RGPD y establece que las organizaciones tienen que notificar las violaciones graves de datos a la autoridad nacional de supervisión competente, y lo deben hacer lo antes posible para que los usuarios puedan tomar las medidas adecuadas.

Se requerirá a las organizaciones que revelen inmediatamente cualquier violación de seguridad con respecto a los datos personales a su autoridad de protección de datos. Esta regla se adoptó como reacción a la violación de la red de Playstation de Sony, en que la compañía esperó una semana entera antes de informar a sus setenta millones de clientes que sus datos personales podrían haber sido comprometidos.

En un primer momento, el borrador del reglamento establecía que el periodo máximo de notificación no podía superar las 24 horas. Sin embargo, ante las críticas de que ese plazo era demasiado corto, lo cual podría dar lugar a falsas alarmas, o incluso advertir a los piratas informáticos de que habían detectado sus ataques, antes de tener tiempo de atraparlos, se extendió el plazo a 72 horas.

Otra medida importante es que las organizaciones estarán obligadas a una evaluación de seguridad sistemática de los riesgos que implican los datos personales, para prevenir formas ilícitas de tratamiento, divulgación, difusión o acceso no autorizados, o alteración de los datos personales (artículo 35 RGPD).

Por lo tanto, los **requisitos de notificación** de violaciones de datos son:

1. El encargado del tratamiento tiene que notificar la violación de datos al responsable del tratamiento, para que esté al tanto de la violación (siempre y cuando se trate de una violación real, no solo de una sospecha).
2. Debe notificarse a la autoridad de control. Solamente se está exento si es poco probable que haya causado daño.
3. Debe notificarse a los interesados, si existe un alto riesgo para el individuo.

Todo ello debe producirse dentro de las siguientes 72 horas, desde el momento en que la empresa se haya percatado de la brecha de seguridad.

3.9. Nombramiento del delegado de protección de datos

Se encuentra regulado en los artículos 37, 38 y 39 del RGPD. Esta cláusula no existía en la anterior directiva 95/46 y, de hecho, fue una norma muy debatida. En los primeros borradores, solo las empresas de más de 250 empleados tenían la obligación de incorporar a un delegado de protección de datos (DPD). El Parlamento Europeo sugirió que la obligación se midiese de manera diferente, no según el número de trabajadores, sino por la cantidad de datos personales procesados. Por ello, el reglamento establece la obligación de tener un DPD si:

    i. se trata de una autoridad pública,
    ii. se trata de una empresa privada que realiza un monitoreo sistemático a gran escala de personas, o
    iii. se trata de una empresa privada que trabaja a gran escala con datos sensibles o confidenciales.

Por ello, aunque sea una empresa grande de muchos trabajadores, si el propósito principal de su negocio no es recopilar dichos datos, no se requerirá legalmente tener un DPD.

Además, se debe añadir que el DPD no tiene que ser un empleado, puede ser un tercero subcontratado. Un mismo DPD, por otro lado, puede hacerse cargo de varios países (si hay varias filiales)

3.10. Multas administrativas elevadas por violaciones de protección de datos

Según el artículo 83 del RGPD, las sanciones pueden llegar hasta un 4% de la facturación anual de la empresa si se trata de una violación grave de las filtraciones de datos. Antes de la entrada en vigor del reglamento, había una gran disparidad entre las sanciones que imponían los estados miembros.

Se establecen diferentes niveles de multas, dependiendo de la infracción, pero las multas más importantes serán de hasta un millón de euros, o un 4% de su facturación anual global.

4. Aplicación de la LOPDGDD en España

El 5 de diciembre de 2018 se aprobó la Ley Orgánica 3/2018, de protección de datos personales y garantía de derechos digitales (en adelante LOPDGDD). Esta norma es la adaptación al ordenamiento jurídico español del Reglamento General de Protección de Datos. La LOPDGDD tiene como objetivo regular aquellas cuestiones que el RGPD remite a los estados miembros. Además, garantiza aquellos derechos reconocidos en el artículo 18.4 de la Constitución española introduciendo los avances jurisprudenciales en materias como la videovigilancia y la geolocalización en el ámbito laboral, o el derecho a la desconexión digital. La LOPD-GDD, por su parte, supone la derogación definitiva la anterior Ley Orgánica 15/1999, de 5 de diciembre, de protección de datos personales. Esta norma estaba vigente en todo aquello que no fuese contradictorio con el

RGPD. En este apartado se va a llevar a cabo, sin ánimo de exhaustividad, una explicación de las principales novedades que introduce esta ley.

La norma, tal y como se ha indicado, pretende lograr la adaptación del ordenamiento jurídico español al RGPD. Por otra parte, establece que el ejercicio del derecho a la protección de datos personales, amparado por el artículo 18.4 de la Constitución española, se ejercerá con arreglo al RGPD. La LOPDGDD introduce algunos cambios, novedades y aclaraciones del RGPD. A continuación, se van a analizar los más destacados.

En primer lugar, su artículo 3 introduce un nuevo régimen de los **datos personales de las personas fallecidas**. Aunque se excluyen expresamente de su ámbito de aplicación, se permite que las personas vinculadas al fallecido por razones familiares o de hecho o sus herederos puedan solicitar el acceso a los mismos, así como su rectificación o supresión, en su caso con sujeción a las instrucciones del fallecido. En cuanto al ámbito de aplicación de la norma, cabe señalar que se excluyen los tratamientos que se rijan por disposiciones específicas (por ejemplo, la directiva 2016/680 sobre protección de datos en el ámbito penal).

El artículo 7 de la LOPDGDD, por su parte, indica que el tratamiento de los datos personales de un menor únicamente podrá fundarse en su **consentimiento cuando sea mayor de catorce años**. Se exceptúan los supuestos en que la ley exija la asistencia de los titulares de la patria potestad o tutela para la celebración del acto o negocio jurídico.

En su título II se establecen los «Principios de protección de datos», en cuya virtud no serán imputables al responsable del tratamiento, siempre que este haya adoptado todas la medidas razonables para que se suprima o rectifique sin dilación la inexactitud de los datos obtenidos directamente del afectado, cuando se hubieran recibido los datos de otro responsable en virtud del ejercicio por el afectado el derecho a la portabilidad o cuando el responsable los obtuviese del mediador o intermediario, cuando las normas aplicables al sector de actividad al que pertenezca el responsable del tratamiento establezcan la posibilidad de intervención de un intermediario o mediador o cuando los datos hubiesen sido obtenidos de un registro público.

En este mismo título, se recoge el deber de confidencialidad, el tratamiento de datos amparado por la ley, las categorías especiales de datos y el tratamiento de datos de naturaleza penal. La norma recoge, también, el nuevo concepto de **consentimiento** establecido por el RGPD, que, como se ha indicado más arriba, debe consistir en **una declaración o una clara acción afirmativa del afectado**, excluyendo lo que se conocía como «consentimiento tácito». Igualmente, se indica que el consentimiento del afectado para una pluralidad de finalidades será preciso que conste de manera específica e inequívoca que se otorga para todas ellas.

Se regulan, asimismo, las posibles habilitaciones legales para el tratamiento fundadas en el cumplimiento de una **obligación legal exigible al responsable**, en los términos previstos en el RGPD, cuando así lo prevea una norma de derecho de la Unión Europea o una ley, que podrá determinar las condiciones generales del tratamiento y los tipos de datos objeto de este, así como las cesiones que procedan como consecuencia del cumplimiento de la obligación legal.

Se pueden, igualmente, imponer condiciones especiales al tratamiento, tales como la adopción de medidas adicionales de seguridad u otras, cuando ello derive del ejercicio de potestades públicas o del cumplimiento de una obligación legal y solo podrá considerarse fundado en el cumplimiento de una misión realizada en interés público o en el ejercicio de poderes públicos conferidos al responsable, en los términos previstos en el reglamento europeo, cuando derive de una competencia atribuida por la ley. Se mantiene **la prohibición de consentir tratamientos** con la finalidad principal de almacenar **información identificativa de determinadas categorías de datos especialmente protegidos**, lo que no impide que los mismos puedan ser objeto de tratamiento en los demás supuestos previstos en el RGPD. En relación con el tratamiento de categorías especiales de datos, el artículo 9.2 consagra el principio de reserva de ley para su habilitación en los supuestos previstos en el RGPD.

El título III adapta al ordenamiento jurídico español el **principio de transparencia en el tratamiento**, que regula el derecho de los afectados a ser informados acerca del tratamiento y recoge la denominada **información por capas**, facilitando al afectado la información básica, si bien indicándole una dirección electrónica u otro medio que permita acceder de forma sencilla e inmediata a la restante información. La norma contempla, en este apartado, los derechos de acceso, rectificación, supresión, oposición, derecho a la limitación del tratamiento y derecho a la portabilidad.

El título V se refiere al responsable y al encargado del tratamiento, así como a la figura del delegado de protección de datos y a los mecanismos de autorregulación y certificación. EL RGPD, tal y como se ha señalado, apuesta por un modelo basado en el **control del cumplimiento** y en el **principio de responsabilidad activa**. En este sentido, adquieren una importancia trascendental las evaluaciones de riesgos, así como las evaluaciones de impacto de protección de datos personales (EIPD). La figura del **delegado de protección de datos**, recogida en el artículo 34 de la LOPDGDD, parte del principio de que puede tener un carácter obligatorio o voluntario, estar o no integrado en la organización del responsable o encargado y ser tanto una persona física como una persona jurídica. La designación del delegado de protección de datos ha de comunicarse a la autoridad de protección de datos competente.

El título VI, relativo a las **transferencias internacionales de datos**, procede a la adaptación de lo previsto en el RGPD y se refiere a las especialidades relacionadas con los procedimientos a través de los que las autoridades de protección de datos pueden aprobar modelos contractuales o normas corporativas vinculantes, supuestos de autorización de una determinada transferencia, o información previa.

La LOPDGDD, en consonancia con el RGPD, establece un sistema de **ventanilla única**. Este sistema permite que los ciudadanos y los responsables establecidos en diferentes estados miembros o que hagan tratamientos que afectan a diferentes estados miembros tengan una única autoridad de protección de datos como interlocutora.

El título IX establece el régimen sancionador. El RGPD contempla un sistema de sanciones o actuaciones correctivas que permite un amplio margen de apreciación. En este marco, la ley orgánica procede a describir las conductas típicas, estableciendo la distinción entre **infracciones muy graves, graves y leves**, del mismo modo que hacía la anterior LOPD.

Por último, el título X de la norma introduce la **garantía de los derechos digitales**. Estos derechos no se encuentran regulados en el RGPD. Por otra parte, en esta rúbrica se incluyen, tal y como se ha indicado, los avances jurisprudenciales relacionados con el **derecho digital en el ámbito laboral**. En cuanto a la garantía de derechos digitales, se introduce el derecho a la neutralidad de Internet, el derecho de acceso universal a Internet, el derecho a la seguridad digital, la protección de los menores en Internet, el derecho a la rectificación en Internet y el derecho a la actualización de informaciones en medios de comunicación digitales. Los derechos digitales en el ámbito laboral que introduce la LOPDGDD son: el derecho a la intimidad y el uso de dispositivos digitales; el derecho a la desconexión digital; el derecho a la intimidad frente al uso de dispositivos de videovigilancia y de grabación de sonidos en el lugar de trabajo; el derecho a la intimidad ante la utilización de sistemas de geolocalización el ámbito laboral, y los derechos digitales en la negociación colectiva.

5. Marketing en línea y publicidad comportamental

Los consumidores hoy en día usan Internet como un medio para comprar bienes y servicios, así como para socializar a través de las redes sociales. Internet se ha convertido en el paraíso de los anunciantes. De hecho, los anunciantes respondieron rápidamente a los cambios en los hábitos de compra y aprovecharon la tecnología hasta el punto de que parece que todas nuestras vidas están registradas en línea, abiertas a los vendedores y al público.

- Se ha desarrollado una variedad de técnicas de marketing que incluyen:
- publicidad de palabras clave
- anuncios personalizados
- juegos publicitarios
- listados de comparación de precios
- promoción de salas de chat, etc.

A medida que se desarrolla la tecnología, las herramientas de publicidad se vuelven más sofisticadas, tratando de anticipar las búsquedas de productos por parte de los consumidores. Los perfiles dominan las últimas tendencias publicitarias.

Buscadores como Google han creado un negocio gracias a la venta de palabras clave que permiten a los consumidores que buscan información obtener resultados personalizados. Pero la publicidad en línea va más allá. Impregna la vida personal de los consumidores, utilizando la actividad de navegación y los respaldos a través de redes sociales. Esas plataformas permiten a los anunciantes beneficiarse del seguimiento masivo y de la difusión viral de los mensajes. Los sitios de redes sociales facilitan que los usuarios proporcionen comentarios actualizados sobre su actividad diaria. Por ejemplo, los botones «me gusta» de Facebook que se muestran en varios sitios web también desempeñan funciones de rastreadores que se comportan de manera muy similar a las *cookies* y recopilan información acerca de los usuarios. Todas esas técnicas de marketing bastante invasivas permiten a los anunciantes saber todo lo que necesitan acerca de los usuarios.

5.1 Publicidad comportamental y cookies

Los estudios revelan que el uso de **cookies** está particularmente extendido y en continuo aumento. Las *cookies* de origen son las que utilizan los comerciantes para rastrear la actividad del usuario en su propio sitio web, mientras que las *cookies* de terceros pueden rastrear a los usuarios en múltiples sitios web.

Pero, además, las *cookies* se están utilizando para formas aún más invasivas de «perfil». Las empresas que muestran ofertas de productos en sus sitios web y las agencias de publicidad en red que publican anuncios en una red de sitios web a menudo rastrean a los usuarios que navegan por Internet y registran datos, como las páginas que han visitado o los productos y servicios que han buscado. Estos datos se analizan utilizando una serie de técnicas para construir un perfil personal para cada usuario. Esta práctica se llama *data mining* o «minería de datos» y puede definirse como el proceso de identificar patrones válidos, novedosos, potencialmente útiles y, en última instancia, comprensibles en los datos. Las empresas y agencias de publicidad utilizan activamente esos perfiles para seleccionar ofertas de productos y anuncios para mostrar a cada usuario. Por ejemplo, a un usuario que pasó tiempo en una página web sobre lavadoras se le mostrará posteriormente un anuncio de una lavadora o un producto relacionado. Por el contrario, otro usuario que busque cámaras digitales generará anuncios relacionados con la fotografía digital.

La **publicidad comportamental** consiste en una personalización comercial mediante un proceso de recopilación y almacenamiento de información sobre los visitantes de un sitio web, análisis de la información almacenada y, en función de este análisis, entrega de la información correcta a cada visitante en el momento adecuado.

La publicidad comportamental tiene un lado beneficioso: la recopilación de información detallada sobre las preferencias de los consumidores permite a las empresas participar en el marketing relacional y orientar las ofertas con mayor precisión en función de los intereses específicos de sus clientes.

Sin embargo, las *cookies* y la publicidad conductual en general tienen un lado más oscuro que ha impulsado a los legisladores de la UE a actuar. De hecho, plantean una serie de amenazas a la privacidad personal, para las cuales parece necesaria la intervención legislativa. Los **riesgos** relacionados con el uso del comportamiento para orientar la publicidad se pueden clasificar en cuatro categorías:

1. pérdida de control del consumidor sobre su información personal;
2. revelación inesperada de dicha información a otras personas;
3. robo de identidad, y
4. trato adverso al consumidor decidido sobre la base de perfiles.

En la mayoría de los casos, los datos no son proporcionados explícitamente por los usuarios, sino que se generan automáticamente según sus clics y, por lo tanto, no controlan lo que el negocio de recolección sabrá sobre ellos. Se extraen los datos del flujo de clics, lo que conduce a la producción de conocimiento acerca de los usuarios individuales, sus circunstancias, preferencias y características. Las correlaciones y combinaciones de datos pueden conducir a más información y conocimiento sobre ellos.

Dado que la **privacidad** de la información es el derecho que tienen las personas a controlar la recopilación y el uso de información sobre sí mismos, las preocupaciones sobre la privacidad de la información asociadas con la publicidad comportamental son evidentes. Si no se pregunta a los usuarios acerca de las operaciones pertinentes sobre sus datos, se vulnera su privacidad informativa.

Puede haber otro efecto adverso tangible, específicamente sobre la **autonomía individual** o la privacidad decisional. Saber que alguien es observado puede provocar un cambio de comportamiento, en un intento de ocultar información al observador. En un contexto comercial, esto puede llevar a que los consumidores rechacen las *cookies* útiles, por temor a que los datos se utilicen indebidamente o para que se evite ver ciertos productos o servicios sensibles.

La publicidad basada en el comportamiento puede resultar en que información privada se divulgue inadvertidamente a otros. Por ejemplo, en el caso de una pareja que ve en Amazon ofertas de libros sobre los secretos de un matrimonio exitoso se puede inferir que esa pareja está considerando que la relación es problemática.

5.2 Controles sobre las prácticas de publicidad comportamental

Uno de los principales temas de debate se refiere a la forma en que los usuarios deberían poder ejercer el control sobre sus datos a través de una opción de aceptación en lugar de una opción de exclusión. Inicialmente, el **artículo 5 (3) de la directiva de privacidad electrónica**[23] adoptó un enfoque de exclusión voluntaria que dejaba a las empresas libres para instalar *cookies* a menos que un usuario tomara medidas específicas para declarar su objeción, como hacer clic en un botón de exclusión voluntaria o cambiar la configuración relacionada con las *cookies* en su navegador. Sin embargo, la ley originalmente adoptada envejeció rápidamente y tuvo que ser enmendada en 2009.

Este artículo 5 (3) de la directiva de privacidad electrónica se modificó radicalmente para proporcionar una opción de inclusión. Con excepciones limitadas, las *cookies* deben usarse solo con el consentimiento previo del usuario. Así, debido a la modificación de 2009[24] del artículo 5(3), ahora es necesario que los sitios web indiquen claramente el uso de *cookies* en cada visita y requieran que los usuarios opten por participar. Un enfoque de aceptación de las *cookies* (uno que no permite su uso a menos que el usuario dé su consentimiento específico) es, de hecho, más coherente con el derecho a la privacidad de la información, lo que en la práctica significa control sobre la propia información.

Sin embargo, la mayoría de esas actividades se basan en *cookies* de sesión que registran temporalmente los elementos colocados en un carrito de compras, por ejemplo, y caducan después de finalizar la compra. Otras *cookies* son persistentes, las llamadas *cookies* de vigilancia/perfilado. Es por esto último que se justifica la intervención legislativa.

Finalmente, hay que destacar que desde 2017 existe una propuesta de reglamento sobre el respeto de la vida privada y la protección de los datos personales en el sector de las comunicaciones electrónicas[25] que, cuando se apruebe, derogará la directiva 2002/58/CE.

6. Seguridad de la información

La seguridad de la información es el conjunto de medidas técnicas y organizativas empleadas para salvaguardar los datos tratados por una organización pública o privada. Cualquier empresa, con independencia de su

---

23 Directiva 2002/58/CE del Parlamento Europeo y del Consejo, de 12 de julio de 2002, relativa al tratamiento de los datos personales y a la protección de la intimidad en el sector de las comunicaciones electrónicas (directiva sobre la privacidad y las comunicaciones electrónicas), Diario Oficial n° L 201 de 31/07/2002 pp. 0037-0047.

24 Directiva 2009/136/CE del Parlamento Europeo y del Consejo, de 25 de noviembre de 2009, por la que se modifican la directiva 2002/22/CE relativa al servicio universal y los derechos de los usuarios en relación con las redes y los servicios de comunicaciones electrónicas, la directiva 2002/58/CE relativa al tratamiento de los datos personales y a la protección de la intimidad en el sector de las comunicaciones electrónicas y el reglamento (CE) n° 2006/2004 sobre la cooperación en materia de protección de los consumidores (texto pertinente a efectos del EEE). DO L 337 de 18.12.2009, pp. 11-36.

25 COM (2017) 10: propuesta de reglamento del Parlamento Europeo y del Consejo sobre el respeto de la vida privada y la protección de los datos personales en el sector de las comunicaciones electrónicas y por el que se deroga la directiva 2002/58/CE (Reglamento sobre la privacidad y las comunicaciones electrónicas).

tamaño, realiza tratamientos de datos de personales para los que tanto el RGPD como la LOPDGDD exigen que se establezcan medidas de seguridad adecuadas.

La seguridad de la información se debe planificar y diseñar a la medida de cada organización, atendiendo a los datos que trata y a las características de la propia organización. En todo caso, la seguridad de la información cuenta con tres objetivos principales: la integridad, la confidencialidad y la disponibilidad.

- **Integridad**: la organización debe asegurar que la información se muestra tal y como fue concebida, y que no ha sufrido alteraciones o manipulaciones que no hayan sido autorizadas expresamente.
- **Confidencialidad**: la confidencialidad garantiza que solo las personas o entidades autorizadas tengan acceso a la información y a los datos recopilados y que estos no se divulgarán sin el permiso correspondiente.
- **Disponibilidad**: la organización debe garantizar que la información estará disponible en todo momento para aquellas personas o entidades autorizadas. Para ello, elaborará planes de continuidad y de recuperación de la actividad, así como un soporte constante a los sistemas de información.

Para alcanzar estos objetivos fundamentales de seguridad de la información, las políticas y los procedimientos de seguridad deben implementarse, gestionarse, monitorizarse y revisarse. Es importante que exista una concienciación y formación en seguridad por parte de la gerencia, de todos los empleados, así como de los proveedores de servicios externos.

En cuanto a la gerencia, debe existir un compromiso y respaldo de la alta dirección, tanto para el establecimiento como para la continuidad de un programa de gestión de la seguridad de la información. Por otra parte, deben elaborarse y diseñarse políticas y procedimientos por parte de la dirección. En cuanto a las políticas, deben contener una declaración concisa en la que se establezca el valor de los activos de información, la necesidad de seguridad y la importancia de definir una jerarquía de clases de activos confidenciales y críticos. El programa de seguridad será sustentando por los estándares más prestigiosos para desarrollar los niveles de seguridad, por criterios y métodos de medición y por directrices, prácticas y procedimientos específicos.

A su vez, las responsabilidades para la protección de los activos individuales deben ser definidas claramente. La política de seguridad de la información debe proporcionar una orientación general acerca de la asignación de funciones y responsabilidades de seguridad en la organización, y también, donde sea necesario, orientación detallada para los sitios específicos.

La concienciación y formación de seguridad, tal y como se ha señalado más arriba, constituyen otros de los puntos clave en la gestión de la seguridad de la información. Todos los empleados de una organización y, cuando corresponda, los usuarios deben recibir una capacitación apropiada y actualizaciones periódicas para promover la concienciación y el cumplimiento de las políticas y los procedimientos de seguridad que están por escrito. Para los nuevos empleados, esta capacitación debe ocurrir antes de que se otorgue acceso a la información o a los servicios.

El tratamiento y respuesta a incidentes forman otro de los aspectos sustanciales en la gestión de la seguridad de la información. Entendemos que se produce un incidente de seguridad informático cuando hay un evento que afecta adversamente el procesamiento del uso de las computadoras. En este sentido, podemos hablar de pérdida de la confidencialidad de la información, inestabilidad de la integridad de la información, negación del servicio, acceso no autorizado, mal uso de los sistemas de información, robo y daño a los sistemas. Otros incidentes incluyen ataques de virus e intrusiones por parte de personas dentro o fuera de la organización.

Por último, hay que hacer referencia a diversos estándares que pueden ayudar a las organizaciones a implementar, controlar y revisar su seguridad de la información. En primer lugar, hallaríamos la serie de normas ISO/IEC 27000, que son estándares de seguridad publicados por la Organización Internacional para la Estandarización (ISO) y la Comisión Electrotécnica Internacional (IEC). Contiene las mejores prácticas recomendadas en seguridad de la información para desarrollar, implementar y mantener especificaciones para los sistemas de gestión de la seguridad de la información (SGSI).

Las dos normas principales de la serie son:

- **ISO/IEC 27001**. Es la certificación que deben obtener las organizaciones. Esta norma especifica los requisitos para la implantación del SGSI. Es la norma más importante de la familia. Adopta un enfoque de gestión de riesgos y promueve la mejora continua de los procesos.
- **ISO/IEC 27002**. Es el código de buenas prácticas para la gestión de seguridad de la información. La norma ISO/IEC 27001 contiene los siguientes apartados: objeto y campo de aplicación, referencias normativas, términos y definiciones, contexto de la organización, liderazgo, planificación, soporte, operación, evaluación de desempeño y mejora.

A nivel internacional, se deben cumplir los estándares del National Institute of Standards and Technology (NIST) del Departamento de Comercio de los Estados Unidos, entre los que cabe destacar el Cybersecurity Framework 2.0. A nivel europeo, hay que señalar la conocida como directiva NIS 2, relativa a las medidas para garantizar un elevado nivel común de ciberseguridad en toda la Unión,[26] y a nivel español, el Esquema Nacional de Seguridad (ENS)[27] para el sector público.

7. Regulación de la inteligencia artificial en la UE

La inteligencia artificial (IA) se ha instalado en el día a día de las personas. En 2023 se implantó la IA, después de que, a finales de 2022, se lanzara la herramienta de IA ChatGPT, que se basa en un modelo alimentado por millones de datos, letras, palabras y frases absorbidas a través de Internet. ChatGPT3 tiene alrededor de 175.000 millones de palabras. ChatGPT utiliza patrones comunes del lenguaje (estructuras, semántica, gramática…) a través de su modelo estadístico de predicciones de palabras, y evalúa la secuencia de palabras que están por venir. Actualmente ya podemos afirmar que hemos llegado al fin de la evolución orgánica, dando paso a evolución inorgánica o mecánica, que es mucho más rápida. Por supuesto, la IA conlleva muchísimos beneficios para los seres humanos, pero acarrea también una serie de riesgos. Estos riesgos parten de la premisa de que las máquinas no piensan, sino que predicen. Se basan en algoritmos, y no en el pensamiento crítico y el sentido común. Por ello, debe tenerse claro que los sistemas de IA no tienen conciencia y no tienen alma. En consecuencia, sus errores podrían llegar a ser peores que los errores humanos.

La IA supone una serie de desafíos éticos relacionados con el **sesgo** en sus resultados. Es importante tener en cuenta que los modelos no evolucionan automáticamente con los cambios de valores y normas sociales, y por ello es esencial la supervisión humana de las decisiones tomadas por IA.

Como ya hemos visto en este tema, el RGPR regula, en su **artículo 22**, la toma de decisiones individuales automatizadas, incluidas las elaboraciones de perfiles. Según este artículo, el interesado tiene derecho a no ser objeto de una decisión basada únicamente en un tratamiento automatizado, incluida la elaboración de perfiles, que produzca efectos jurídicos sobre él o le afecte de manera similar significativa. En este sentido, el responsable del tratamiento debe aplicar medidas adecuadas para salvaguardar los derechos y las libertades, así como los intereses legítimos del interesado, dando la posibilidad de obtener intervención humana por parte del responsable del tratamiento, para expresar el punto de vista del interesado e impugnar la decisión. Además, las decisiones automatizadas no pueden basarse en categorías especiales de datos personales a que se refiere el artículo 9, apartado 1, a menos que se adopten medidas adecuadas para salvaguardar los datos, los derechos y las libertades del sujeto y siempre y cuando sus intereses legítimos estén vigentes.

Mientras que el RGPD protege a las personas, actualmente tenemos el reglamento europeo sobre inteligencia artificial (en adelante, la ley de IA), que se centra en proteger el uso de datos.

La **Ley de IA** se propuso en abril de 2021 por parte de la Comisión Europea, que publicó su propuesta de 108 páginas para regular la inteligencia artificial (IA), describiéndola como un intento de garantizar un «mercado interno que funcione bien para los sistemas de inteligencia artificial y que se basara en valores de la UE y derechos fundamentales». Se trata de un reglamento, por lo que la protección legal es para los indi-

---

26 Directiva (UE) 2022/2555 del Parlamento Europeo y del Consejo, de 14 de diciembre de 2022, relativa a las medidas destinadas a garantizar un elevado nivel común de ciberseguridad en toda la Unión, por la que se modifican el reglamento (UE) nº 910/2014 y la directiva (UE) 2018/1972 y por la que se deroga la directiva (UE) 2016/1148 (directiva SRI 2).

27 Real Decreto 311/2022, de 3 de mayo, por el que se regula el Esquema Nacional de Seguridad.

viduos, y tanto las organizaciones públicas como las privadas necesitarán integrar sus medidas. Se trata de una ley coherente y sincronizada con el RGPD.

La Ley de IA sincroniza las reglas para regular la tecnología de IA en todos los estados miembros de la UE y proporciona una definición más clara de lo que es realmente la IA. Es un proyecto de ley histórico para regular la inteligencia artificial siguiendo un enfoque basado en el riesgo. Las principales normas de esta ley son:

Reglas sobre modelos de IA de alto impacto que pueden causar riesgo sistémico en el futuro, así como sobre sistemas de IA de alto riesgo. El enfoque basado en el riesgo escalonado combina (*1*) obligaciones de transparencia para todos los modelos de fundaciones y (*2*) un régimen más estricto para los de «alto impacto». Así pues, la escala de riesgos es la siguiente:

Hablamos de **riesgo inaceptable**, y por lo tanto prohibido, en el caso de aquellas decisiones tomadas solo por IA que tengan que ver, por ejemplo, con la manipulación cognitiva conductual, la extracción no selectiva de imágenes faciales de Internet o imágenes de CCTV, el reconocimiento de emociones en el lugar de trabajo y en instituciones educativas, la puntuación social, la categorización biométrica para inferir datos sensibles, como la orientación sexual o la religión, las creencias y algunos casos de vigilancia policial predictiva para individuos.

Hablamos de **alto riesgo**, que, por lo tanto, requerirá una evaluación de impacto analizando la conformidad, cuando la IA tome decisiones sobre el acceso al empleo, la educación y los servicios públicos, los componentes de seguridad de los vehículos, y otras de aplicación de la ley. En cuanto a aquellas situaciones de **riesgo limitado**, siempre debería haber una obligación de transparencia, y aquí se encontrarían aquellas decisiones que tienen que ver con la suplantación de identidad, el uso de *chatbots*, etc. Finalmente, el **riesgo mínimo** implica que no hay ninguna obligación.

Para garantizar que la **definición de un sistema de IA** proporcione criterios suficientemente claros para distinguir la IA de los sistemas de *softwares* más simples, el reglamento aclara que no se aplicará a áreas fuera del alcance de la legislación de la UE y no debería, en ningún caso, afectar a las competencias de los estados miembros en materia de seguridad nacional o cualquier entidad a la que se le hayan confiado tareas en esta área. Además, la ley de IA no se aplicará a los sistemas que se utilicen exclusivamente con fines militares o de defensa. De manera similar, la regulación no se aplicaría a los sistemas de IA utilizados con el único fin de investigación e innovación, ni a las personas que utilizan la IA por motivos no profesionales.

En cuanto a las **excepciones de aplicación de la ley**, teniendo en cuenta las especificidades de las autoridades encargadas de hacer cumplir la ley y la necesidad de preservar su capacidad de utilizar la IA en su trabajo vital, se ha introducido un procedimiento de emergencia que permite a los organismos encargados de hacer cumplir la ley desplegar, en caso de urgencia, una herramienta de inteligencia artificial de alto riesgo que no haya pasado el procedimiento de evaluación de la conformidad. Sin embargo, también se ha introducido un mecanismo específico para garantizar que los derechos fundamentales estén suficientemente protegidos contra posibles usos indebidos de los sistemas de IA. Además, en lo que respecta al uso de sistemas de identificación biométrica remota en tiempo real en espacios de acceso público, dicho uso debe ser estrictamente necesario para fines policiales y para los cuales, por lo tanto, debe permitirse excepcionalmente a las autoridades policiales utilizar dichos sistemas. La ley prevé, también, salvaguardias adicionales y limita estas excepciones a los casos de víctimas de ciertos delitos, la prevención de amenazas terroristas y la búsqueda de personas sospechosas de los delitos más graves.

En cuanto a los **sistemas de IA de propósito general y modelos fundacionales**, la ley incluye disposiciones para tener en cuenta situaciones en las que los sistemas de IA pueden utilizarse para muchos fines diferentes (IA de propósito general) y en las que la tecnología de IA de propósito general se integra posteriormente en otro sistema de alto riesgo. También existen normas específicas para los modelos fundacionales, grandes sistemas capaces de realizar de manera competente una amplia gama de tareas distintivas, como generar vídeo, texto, imágenes, conversar en lenguaje lateral, informática o generar código informático. Estos modelos de base deben cumplir con obligaciones específicas de transparencia antes de su comercialización. Existe un régimen más estricto para los modelos fundacionales de «alto impacto», entrenados con una gran cantidad de datos y con una complejidad, unas capacidades y un rendimiento avanzados muy por encima del promedio, que pueden difundir riesgos sistémicos a lo largo de la cadena de valor.

La ley establece una nueva arquitectura de gobernanza, ya que se crea una **oficina de IA dentro de la Comisión** encargada de supervisar estos modelos de IA más avanzados, contribuir a fomentar estándares y prácticas de prueba y hacer cumplir las normas comunes en todos los estados miembros. Un **comité científico de expertos independientes** asesorará a la oficina de IA sobre los modelos de propósito general, contribuyendo al desarrollo de metodologías para evaluar las capacidades de los modelos fundacionales, asesorando sobre la designación y el surgimiento de modelos fundacionales de alto impacto y monitoreando posibles riesgos de seguridad de materiales relacionados con modelos de cimentación. Este comité está compuesto por representantes de los estados miembros, así que otorgará un papel importante a los estados miembros en la implementación del reglamento, incluido el diseño de códigos de prácticas para los modelos fundacionales.

Las **multas por violaciones de la ley de IA** se establecen como un porcentaje de la facturación anual global de la empresa infractora en el año financiero anterior o una cantidad predeterminada, lo que sea mayor. Esto sería 35 millones de euros o el 7% por violaciones de las aplicaciones de IA prohibidas, 15 millones de euros o el 3% por violaciones de las obligaciones de la ley de IA y 7,5 millones de euros o el 1,5% por el suministro de información incorrecta. Sin embargo, se establecen unos límites más proporcionados a las multas administrativas para las pymes y las empresas de nueva creación en caso de infracción de las disposiciones de la ley de IA. Además, una persona física o jurídica puede presentar una queja ante la autoridad de vigilancia del mercado pertinente en relación con el incumplimiento de la ley de IA y puede esperar a que dicha queja se tramite de acuerdo con los procedimientos específicos de esa autoridad.

En cuanto a los principios de **transparencia y protección de los derechos fundamentales**, la ley prevé una **evaluación del impacto** sobre los derechos fundamentales antes de que sus implementadores pongan en el mercado un sistema de inteligencia artificial de alto riesgo. También prevé una mayor transparencia con respecto al uso de sistemas de inteligencia artificial de alto riesgo. En particular, incluso usuarios de un sistema de IA de alto riesgo que sean entidades públicas también estarán obligados a registrarse en la base de datos de la UE para sistemas de IA de alto riesgo. Además, existe la obligación de que los usuarios de un sistema de reconocimiento de emociones informen a las personas físicas cuando estén expuestas a dicho sistema.

La ley incluye **medidas de apoyo a la innovación**, con vistas a crear un marco jurídico más favorable a la innovación y promover el aprendizaje normativo basado en pruebas. En particular, se permite probar sistemas de IA innovadores en condiciones del mundo real, bajo condiciones y salvaguardias específicas. Con el fin de aliviar la carga administrativa para las empresas más pequeñas, se incluye una lista de acciones que deben emprenderse para apoyar a dichos operadores y se prevén algunas derogaciones limitadas y claramente especificadas.

ACTIVIDAD 3. LEY DE INTELIGENCIA ARTIFICIAL

Se dividirá la clase en grupos para debatir la siguiente cuestión:

Cada grupo debe buscar cinco ejemplos reales de sistemas de IA que puedan calificarse como prohibidos o de alto riesgo. Hay que describir y explicar por qué están sujetos a la ley de IA. Se deben incluir referencias y citas de cada ejemplo. Al final de la sesión, cada grupo elegirá un ejemplo y lo explicará al resto de la clase.

Tema 5. Regulación de la propiedad intelectual

1. Leyes sobre derechos de autor

Hoy en día, la mayoría de nosotros no somos conscientes de las limitaciones de los derechos de autor. Podemos optar por ignorarlo cuando fotocopiamos materiales, duplicamos un *software* o realizamos trabajos protegidos por derechos de autor. Es muy frecuente que se usen sin permiso obras con derechos de propiedad a los autores.

El **derecho de autor** es el derecho de propiedad que la ley otorga a los autores/creadores y a quienes se apropian de ellos para controlar la copia y otras formas de explotación de sus creaciones u obras. Así, la ley de derechos de autor protege los intereses económicos y morales del autor.

Los derechos de autor **no protegen las ideas** como tales, solo protegen la expresión de dichas ideas. Por ejemplo, si tomamos como ejemplo una pintura famosa como *Las Meninas* de Velázquez, cualquiera sería libre de copiar la idea o el estilo detrás de la imagen, tenga derechos de autor o no. Si el cuadro, además, estuviera protegido por derechos de autor, incluso la pintura en sí estaría protegida contra la copia, ya fuera por fotografía o por otros medios.

Pero no todos los ejemplos son fáciles de resolver: ¿qué pasaría si alguien copiara un *software*, no copiando literalmente el código, sino escribiendo un nuevo programa que replicase las características y funciones del *software* existente? En este caso sería difícil probar que ha habido una violación de los derechos de autor, ya que es difícil no argumentar que lo que se ha copiado son «ideas». Tales ejemplos desafían la dicotomía entre **idea y expresión**.

No existe una definición de «derechos de propiedad intelectual» en la legislación de la UE, ni tampoco hay un concepto de derecho de autor internacional. El derecho de autor es territorial y de propiedad nacional. Sin embargo, hay algunas **normas internacionales** que regulan este concepto. Por ejemplo:

— El convenio de Berna: es el primer gran convenio internacional en el que estableció el principio del trato nacional y que se remonta a 1886.
— El acuerdo sobre los ADPIC: los estados miembros de la UE, en forma individual y la UE en su conjunto, participan del acuerdo de 1995 sobre los Aspectos de los Derechos de Propiedad Intelectual relacionados con el Comercio (ADPIC).
— El CEDH: se regula la propiedad intelectual en el artículo 1 del primer protocolo adicional de la Convención Europea de Derechos Humanos (CEDH).
— Los tratados de la OMPI sobre derecho de autor: el tratado de la OMPI sobre derecho de autor (WCT) y el tratado de la OMPI sobre interpretación o ejecución y fonogramas (WPPT) fueron fruto de los nuevos desafíos de la digitalización que dieron lugar a estos dos últimos tratados internacionales en diciembre de 1996. La UE y los estados miembros participan en estos dos tratados.

A nivel internacional, las principales reglas sobre derechos de autor se podrían resumir en tres:

Regla 1: es probable que la ley donde se crea la obra (es decir, su país de origen) sea relevante para determinar quién es el propietario de los derechos de autor.
Regla 2: es probable que la ley del lugar en el que se llevan a cabo los actos infractores sea pertinente para las cuestiones de persistencia de infracción de los derechos de autor.

Regla 3: los tribunales que conocerán y resolverán cualquier disputa internacional sobre derechos de autor es probable que lo aborden haciendo referencia a una serie de convenciones internacionales que tratan de la jurisdicción y la ejecución de sentencias, incluidas las convenciones de Bruselas de 1968 y las convenciones de Lugano de 1988.

Supuesto de hecho:
Un desarrollador de *software* británico escribe código para su empleador, una empresa del Reino Unido, como parte de su empleo. Su empleador luego explota el código publicándolo en su servidor web en el Reino Unido como una actualización para ser descargada por usuarios autorizados en cualquier parte del mundo. Alguien más en el Reino Unido descarga este código y, violando su licencia, lo copia y lo vende con su propio programa en el Reino Unido. Como la copia ilegal en este caso se está llevando a cabo dentro del Reino Unido, el asunto se resolverá de conformidad con la ley de derechos de autor británica. También está claro que los tribunales del Reino Unido estarían preparados para tratar el caso y emitir un fallo, es decir, tendrían la jurisdicción, si el empleador (como propietario de los derechos de autor en el Reino Unido) demandara al infractor.

Pero ¿qué pasaría si el desarrollador fuera indio y el código se hubiera desarrollado en la India como parte de su empleo, pero aun así se publicara por primera vez en el Reino Unido y la empresa británica que publicara el código obtuviese una asignación de derechos de autor del empleador indio? ¿O qué pasaría si el infractor se encontrara en los Estados Unidos, pero distribuyera el *software* pirateado en el Reino Unido a través de Internet? ¿Quién sería el propietario de los derechos de autor, el desarrollador o su empleador? ¿Qué tribunales tendrían jurisdicción, los tribunales del Reino Unido o los Estados Unidos? ¿Qué ley aplicarían, la de los Estados Unidos o la del Reino Unido? La infracción se determinará según **la ley del país donde se esté llevando a cabo el acto infractor**.

Los tribunales que tomarán la jurisdicción dependerán de dos factores:

a) si el demandante o el demandado tienen presencia comercial en la jurisdicción, y

b) si la infracción se produce dentro de la jurisdicción.

Por ejemplo, supongamos que la empresa británica demanda al infractor estadounidense en los tribunales británicos y, por lo tanto, estos toman la jurisdicción. Como la obra se creó en India, el principio general es que la ley india se aplicaría en esta cuestión, así que la empresa británica deberá demostrar que subsiste un derecho de autor válido en el Reino Unido. Por ejemplo, podría argumentar que el trabajo fue publicado por primera vez en el Reino Unido o en otro país con el que el Reino Unido tenga un tratado de derechos de autor relevante, o que el autor era ciudadano de un país con el que el Reino Unido tiene un tratado de derechos de autor relevante. Solo habiendo superado estos dos obstáculos, el tribunal podrá considerar si ha habido infracción.

Como se ha mencionado, los derechos otorgados en virtud de los derechos de autor están previstos en la legislación nacional y no en forma de derechos unitarios a nivel de la UE. Por ejemplo, el autor de un libro no tiene un solo derecho de reproducción en toda la UE, sino 27 derechos de reproducción nacionales diferentes. El alcance geográfico de estos 27 derechos se limita al territorio del estado miembro que otorga el derecho en cuestión.

Si bien Internet funciona independientemente de las fronteras políticas, los derechos de autor europeos se rigen ahora por 27 leyes nacionales. A diferencia de otros campos de la legislación sobre propiedad intelectual, donde el derecho exclusivo tiene un carácter unitario en toda la UE (por ejemplo, en el caso de marcas comerciales), los derechos de autor solo se han armonizado parcialmente entre los estados miembros. La distinción clásica entre la ley de derechos de autor anglosajona y la visión de los *droits d'auteur*, que protege la creación intelectual, podría verse como un impedimento significativo a la hora de lograr una armonización de la ley de derechos de autor en la UE.

No obstante, la Carta de derechos fundamentales de la UE recoge en su **artículo 17 (2)** que «el uso de la propiedad puede ser regulado por la ley en la medida en que sea necesario para el interés general». Por lo tanto, los derechos de propiedad intelectual deben sopesarse con otros derechos y libertades fundamentales en competencia, como la libertad de expresión o la libertad para realizar negocios. Sin embargo, en la práctica, el artículo 17 representa una disposición meramente descriptiva sin efectos sustanciales. En este sentido, el TJUE ya ha especificado que el artículo 17.2 no garantiza una protección absoluta e ilimitada de los derechos de autor.

Como normas europeas más elaboradas, existen una serie de **directivas** principalmente sectoriales sobre derechos de autor en la UE. Las principales son:

1.1. La directiva sobre programas de ordenador

En la ley de derechos de autor digital de la UE, el punto de partida de esta evolución es la directiva del Consejo (CEE) 91/250 [1991] sobre la protección jurídica de los programas de ordenador (la «directiva sobre programas de ordenador»).[28] Esta directiva permite la protección de programas informáticos y el material de diseño que los acompaña bajo la ley de derechos de autor. Los programas de ordenador (e incluso los fragmentos de código) están, en virtud del artículo 1, protegidos por derechos de autor, como obras literarias, en el sentido del convenio de Berna. Sin embargo, las ideas no están protegidas. El valor de un programa informático radica en su función, que consiste en combinar y aplicar algoritmos e ideas, y no en la originalidad de los medios expresivos para implementar las ideas creativas. Por ejemplo, en *UsedSoft*,[29] en el que el tribunal basó su decisión en la *lex specialis* establecida por la directiva de programas de ordenador, y confirmó la aplicación del principio de derecho de distribución en el caso de licencias de comercialización utilizadas para programas de ordenador descargados de Internet; por lo tanto, en el caso en el que no haya copias tangibles de los programas informáticos. Las dificultades de aplicar las doctrinas tradicionales a los programas de ordenador derivan de la naturaleza «híbrida» de tales programas. Su artículo 1 (2) establece:

> «La protección, de conformidad con la presente directiva, se aplicará a la expresión en cualquier forma de un programa de ordenador. **Las ideas y principios que subyacen a cualquier elemento de un programa de ordenador, incluidos los que subyacen a sus interfaces, no están protegidos** por derechos de autor en virtud de la presente directiva». Pero, en cambio, los considerandos 11 y 12 de la misma directiva dicen: «Considerando que, de acuerdo con este principio de derechos de autor, en la medida en que la lógica, los algoritmos y los lenguajes de programación abarquen ideas y principios, estos últimos no están protegidos con arreglo a la presente directiva; considerando que, de acuerdo con la legislación y jurisprudencia de los estados miembros y los convenios internacionales en la materia, **la expresión de dichas ideas y principios debe protegerse mediante derechos de autor**». Por lo tanto, es posible afirmar que la directiva no excluye categóricamente la lógica, los algoritmos y los lenguajes de programación de la protección de los derechos de autor y que, como resultado, estos elementos podrían estar protegidos por la ley de derechos de autor si no se componen únicamente de ideas abstractas. El problema reside en la posible **confusión entre idea y forma** al determinar el objeto de protección en programas informáticos. Pero, en definitiva, el concepto amplio de «derecho de reproducción» de la directiva sobre programas informáticos y la directiva sobre bases de datos funcionó como un precursor y como un prototipo que establece el derecho de reproducción en la directiva horizontal sobre la sociedad de la información.

1.2. La directiva sobre bases de datos

La capacidad innata de la legislación sobre derechos de autor para aplicarse a nuevas formas de expresión de la creatividad humana también se confirmó posteriormente en el caso de las bases de datos. La directiva (CE)

---

28 Directiva 91/250/CEE del Consejo, de 14 de mayo de 1991, sobre la protección jurídica de programas de ordenador, DOCE L 122, 17.5.1991, pp. 42-46.
29 Caso TJUE C128/11, 3 julio 2012.

96/9 del Parlamento Europeo y del Consejo sobre la protección jurídica de las bases de datos (la «directiva sobre bases de datos»)[30] define las bases de datos como una colección de «trabajos, datos u otros materiales independientes dispuestos de manera sistemática o metódica y accesibles individualmente por medios electrónicos o de otro tipo», protegidos por la ley de derechos de autor. Ninguna protección se extiende al contenido real de la base de datos, que, en cualquier caso, puede estar sujeto a una protección de propiedad intelectual especial (por ejemplo, en el caso de una fotografía).

1.3. La directiva de la sociedad de la información

La directiva (CE) 2001/29 del Parlamento Europeo y del Consejo, de 22 de mayo de 2001, sobre la armonización de determinados aspectos de los derechos de autor y derechos afines en la sociedad de la información («directiva de la sociedad de la información»)[31] se remonta a 2001 e implementa en la legislación europea las disposiciones del tratado de la OMPI sobre derecho de autor de 1996 y el tratado de la OMPI sobre interpretación o ejecución y fonogramas de 1996. Además, también se basa en legislación europea anterior, concretamente en la directiva sobre programas de ordenador, la directiva sobre derechos de alquiler y préstamo y la directiva sobre bases de datos. Se trata de una armonización mínima y específica de la legislación sobre derechos de autor que no sustituye a las leyes nacionales. Las **excepciones** se establecen en el artículo 1 (2) e incluyen: *a*) la protección legal de programas informáticos; *b*) el derecho de alquiler, el derecho de préstamo y ciertos derechos relacionados con los derechos de autor; *c*) los derechos de autor y derechos afines aplicables a la radiodifusión; *d*) la duración de la protección de los derechos de autor y determinados derechos afines a los derechos de autor, y *e*) la protección jurídica de las bases de datos. Además, se han armonizado tres importantes derechos económicos exclusivos a nivel de la UE, en los artículos 2 a 4 de la directiva: el **derecho a la reproducción** (artículo 2), el **derecho de comunicación al público de obras y el derecho de poner a disposición del público prestaciones protegidas** (artículo 3), y el **derecho a la distribución** (artículo 4). Este último derecho se aplica solo a los autores y no a los titulares de derechos conexos, y únicamente a la distribución de obras previamente incorporadas en una forma tangible. Los autores tienen derecho a controlar la distribución de un objeto físico que incorpora la creación, hasta que se haga la primera venta (que luego agotaría el derecho). Sin embargo, el problema radica en que la transmisión de objetos físicos desempeña un papel menor en el mundo digital y de Internet, puesto que, en estos casos, la propiedad intelectual se relaciona principalmente con copias digitales. En cuanto al derecho del artículo 3, no todos los usos de las obras protegidas por derechos de autor constituyen una infracción de un derecho exclusivo, ya que *a*) el titular del derecho puede autorizar determinados usos de su obra, por ejemplo, mediante contrato, y *b*) ciertos usos quedan fuera de la esfera de su control, si están cubiertos por una «excepción o limitación» a la ley de derechos de autor. Sin embargo, según el TJUE, el derecho exclusivo parece ser el principio, y la limitación o excepción la derogación del principio.

Existen una serie de **excepciones/limitaciones de derechos de autor** (es decir, de los artículos 2-4), lo que supondría que, en dichos casos, las copias y explotaciones de obras protegidas por derechos de autor no deberán tratarse como infracciones de los derechos de autor. Dicho de otro modo, se podrá permitir un uso limitado de material protegido por derechos de autor en situaciones específicas. Por ejemplo, existe una excepción para el uso de la copia privada en algunos casos. La directiva sobre la sociedad de la información no garantiza plenamente la aplicación de la excepción de la copia privada en el entorno digital, ya que el artículo 6 (4) de la directiva permite que la excepción sea anulada por la aplicación de medidas tecnológicas de protección, o para bases de datos electrónicas y programas de ordenador. En términos generales, la aplicación de todas las excepciones a los derechos de autor en el entorno digital se ve seriamente comprometida por el párrafo cuarto del artículo 6 (4) de la directiva sobre la sociedad de la información, que faculta los contratos para establecer libremente las condiciones de acceso y uso de las obras protegidas por derechos de autor en el servicio bajo petición.

---

30 Directiva 96/9/CE del Parlamento Europeo y del Consejo, de 11 de marzo de 1996, sobre la protección jurídica de las bases de datos, DOCE L 77, 27.3.1996, pp. 20-28.

31 Directiva 2001/29/CE del Parlamento Europeo y del Consejo, de 22 de mayo de 2001, relativa a la armonización de determinados aspectos de los derechos de autor y derechos afines a los derechos de autor en la sociedad de la información, DOCE 22 de junio de 2001, pp. 10-19.

El artículo 5 de la directiva enumera 21 excepciones y limitaciones de manera exhaustiva, divididas en:

a) Una excepción **obligatoria**: son las copias temporales o incidentales. Las copias temporales realizadas al navegar por Internet no infringen los derechos de autor sobre la base de la excepción del artículo 5, apartado 1, de la directiva sobre la sociedad de la información. Se refiere al proceso de guardar copias localmente que permiten un acceso más rápido al contenido. Hay de dos tipos:

   1. Actos de realización de copias en el funcionamiento normal de la transmisión en sistemas informáticos. Este será el caso cuando los datos se muevan entre diferentes ordenadores/servidores en su camino desde el proveedor hasta el destinatario.

   2. Actos de hacer copias para actos de uso regular y lícitos tanto para personas físicas como para empresas. Por lo tanto, descargar una copia comprada o hacer una copia impresa local desde un dispositivo externo entraría en esta categoría. También manteniendo una copia de seguridad en un servidor externo privado.

b) El resto de las excepciones **opcionales**: aparte de la limitación para copias transitorias o incidentales establecida en el artículo 5 (1), existen algunas limitaciones enumeradas en el artículo 5 opcionales para los estados miembros. Estas son:

   1. Las excepciones al derecho de reproducción en el artículo 2 solo se establecen en el artículo 5 (2), y cualquier aplicación de las siguientes situaciones excluiría por completo la compensación al titular del derecho o reduciría la cantidad recibida por él:
      - Reproducción en papel realizada con equipo fotográfico, excepto partituras, en los casos en que los titulares de derechos perciban una indemnización. Este es simplemente un derecho a ser compensado.
      - Fotocopias.
      - Reproducciones realizadas por personas físicas para uso privado. Si solo es para uso no comercial, excluyendo el uso corporativo.
      - Actos específicos de reproducción para bibliotecas públicas, instituciones educativas, museos o archivos, siempre que no den lugar a una «ventaja económica o comercial». Una biblioteca no puede realizar una copia de una obra que de otro modo estaría disponible comercialmente en forma digital, ni puede beneficiarse de las copias que hizo. La digitalización masiva de material (que ya está siendo realizada por muchas organizaciones comerciales y sin fines de lucro) solo se permite con autorización previa, lo cual es un proceso engorroso y costoso. Una biblioteca solo puede crear una base de datos general de obras en línea, pero las obras fuera de la protección de los derechos de autor, como manuscritos antiguos, colecciones de cartas antiguas, etc., pueden publicarse libremente en línea, incluso para su explotación comercial (por ejemplo, suscripciones).
      - Un organismo de radiodifusión puede hacer una copia con fines de radiodifusión únicamente y conservar esa copia para su reutilización, pero no explotarla comercialmente ni regalarla.
      - Reproducciones realizadas por instituciones sociales (como hospitales) que persiguen fines no comerciales.

   2. Las excepciones tanto al derecho de reproducción del artículo 2 como al derecho de comunicación al público del artículo 3 están reguladas en el artículo 5 (3). La aplicación varía considerablemente entre los estados miembros, lo que reduce la seguridad jurídica:
      - Derecho a utilizar una ilustración con fines didácticos o científicos, siempre y cuando se cite la fuente y el nombre. El propósito debe seguir siendo no comercial.
      - Reproducciones realizadas en beneficio de personas discapacitadas, de «carácter no comercial». Incluiría el derecho a realizar una copia en audio digital de un libro que luego se pueda leer en voz alta.
      - Comunicación al público de «temas económicos, políticos o religiosos actuales» o «informes de acontecimientos actuales», a menos que se reserve. En tal caso, se debe nombrar la fuente y el autor.
      - Los artículos 5 (3) (*d*) a 5 (3) (*m*) se refieren a citas con fines de crítica o revisión (*d*), seguridad pública o informes de procedimientos administrativos o judiciales (*e*), discursos políticos (*f*),

celebraciones religiosas u oficiales organizadas públicamente (*g*), exhibiciones públicas de arquitectura o escultura (*h*), inclusión incidental (*i*), publicidad de exhibiciones públicas (*j*), caricatura o parodia (*k*), demostración o reparación de equipo (*l*), reconstrucción de edificios (*m*).
– Existe otra excepción en el artículo 5, apartado 3, letra *o*), en casos de menor importancia, regulados por la legislación nacional, que implican usos analógicos.

El carácter exhaustivo del artículo 5 ha dado lugar a un cierto grado de armonización, ya que los estados miembros no pueden introducir limitaciones que no figuren en la lista abierta de excepciones. Así pues, los estados miembros no son libres de introducir nuevas, pero pueden adoptar algunas o todas las facultativas enumeradas en los artículos 5 (2) y 5 (3).

El artículo 6 de la directiva establece y regula el **sistema de protección tecnológica** para evitar posibles discrepancias. El artículo 6, apartado 1, establece que los estados miembros brindarán una protección jurídica adecuada contra la elusión de medidas tecnológicas eficaces, como, por ejemplo, el cifrado, la codificación, los dispositivos de control de acceso, etc. Además, el artículo 6, apartado 2, obliga a los estados miembros a proporcionar una protección jurídica adecuada contra la fabricación, importación, distribución, venta, alquiler, publicidad de venta o alquiler, o posesión con fines comerciales de dispositivos, productos o componentes tecnológicos.

Con respecto a las **sanciones**, el artículo 8 regula las sanciones y los recursos adecuados para las infracciones previstas en la directiva. Las sanciones deberán ser «efectivas, proporcionadas y disuasorias». Estos términos no están adecuadamente definidos en la directiva, dejándolos a criterio de las autoridades nacionales.

Finalmente, en cuanto a la **duración** de contenido protegido por derechos de autor, hoy en día se sitúa en **la vida del autor en 70 años** *post mortem auctoris*. Esto tiene como objetivo proteger al autor durante su vida más dos generaciones de sus descendientes. La regla de una norma armonizada de la UE de 70 años después de la muerte del autor también se ha confirmado en la era digital con muchos nuevos tipos de trabajos relacionados con las nuevas tecnologías, como los programas informáticos y las bases de datos originales.

1.4. La directiva sobre los derechos de propiedad intelectual

La directiva 2004/48/CE del Parlamento Europeo y del Consejo sobre los derechos de propiedad intelectual[32] requiere que todos los estados miembros apliquen recursos y sanciones efectivos, disuasorios y proporcionados contra quienes se dedican a la falsificación y la piratería. Se aplica a todas las infracciones de los derechos de propiedad intelectual, incluidos los derechos de propiedad industrial, pero excluye las disposiciones específicas de aplicación de la directiva sobre la protección de programas informáticos y la directiva de la sociedad de la información.

El **objetivo** general de la directiva consiste en dar las soluciones necesarias para hacer valer los derechos de propiedad intelectual. Estas serán «justas y equitativas» y no deberán ser complicadas o costosas, ni conllevar plazos irrazonables o retrasos injustificados. Además, deben ser eficaces, proporcionadas y disuasorias y no deben actuar como obstáculos al comercio.

La sección 2 de la directiva se ocupa de la obtención de **pruebas** (artículo 7). Tales medidas pueden tomarse sin que la otra parte haya sido escuchada, por riesgo de que se destruyan las pruebas. El artículo 9 regula las **medidas cautelares** y provisionales. A petición de un solicitante, las autoridades judiciales pueden emitir una orden judicial para prevenir una infracción inminente de los derechos de propiedad intelectual o para evitar una infracción continua, que incluiría la congelación de las cuentas bancarias y otros activos. El artículo 11 establece que se puede dictar una orden judicial que impida nuevas infracciones en los casos en que ya se haya tomado una decisión.

El artículo 12 impone indemnizaciones pecuniarias a la parte lesionada, y el artículo 13 regula el pago de **daños y perjuicios**. Existen dos regímenes posibles:

---

32 Directiva 2004/48/CE del Parlamento Europeo y del Consejo, de 29 de abril de 2004, relativa al respeto de los derechos de propiedad intelectual, DOCE L 195, pp. 16-25.

1. Daños, teniendo en cuenta todos los aspectos apropiados, como las consecuencias económicas negativas y también el lucro cesante (artículo 13, apartado 1, letra *a*).
2. Daños y perjuicios en la suma que se habría debido si se hubiera seguido el camino legal desde el principio (artículo 13, apartado 1, letra *b*).

Supuesto de hecho:
Un CD descargado de Internet contiene 15 canciones. ¿Cuál es la cantidad apropiada de daños en virtud del artículo 13?

– Si se optara primero por la segunda opción (artículo 13, apartado 1, letra *b*), se sumaría el coste de cada una de las canciones individuales y se le añadiría una cantidad punitiva.
– Si aceptamos un camino diferente, el del artículo 13 (1) (*a*), podríamos tomar como base el precio total de un CD minorista, incluso si solo se copiaran una o dos canciones de cada CD. Esta versión parece significativamente menos justa que la anterior. Además, las canciones digitales se pueden vender a diferentes niveles de precios, cosa que no podría contabilizarse con esta opción.

1.5. La directiva sobre gestión colectiva de los derechos de autor

La importancia de implementar un marco común de la UE efectivo para la gestión de los derechos de autor digitales en el sector de la música se hace aún más evidente si se considera que en los últimos años esta industria se ha enfrentado a una enorme «revolución digital» en términos de explotación y remuneración de los derechos de autor, como el *streaming* y las descargas, que se han convertido en la principal fuente de ingresos para empresas y artistas (y se espera que sigan creciendo en un futuro próximo). El entorno en línea ha traído cambios a las licencias de derechos de autor. Un cambio que observamos en los últimos es que los servicios en línea no están limitados por las fronteras nacionales y pueden llegar a los consumidores de otros estados miembros. Igualmente, las licencias para servicios en línea también se pueden otorgar y monitorear a distancia.

La directiva 2014/26/UE del Parlamento Europeo y del Consejo, de 26 de febrero de 2014, sobre gestión colectiva de los derechos de autor y derechos afines y concesión de licencias multiterritoriales de derechos sobre obras musicales para uso en línea en el mercado interior[33] (o la CRM, por sus siglas en inglés) tiene como **objetivo** establecer estándares comunes para la concesión de licencias multiterritoriales y la remuneración justa de los titulares de derechos. Así, la directiva CMR busca crear un mercado único de derechos de autor y derechos afines para garantizar, por un lado, un alto nivel de protección para los titulares de derechos y un marco común para el suministro de licencias multiterritoriales para obras musicales en línea, y, por otro lado, beneficios para consumidores y usuarios.

La distribución de bienes y servicios protegidos por derechos de autor o derechos afines (por ejemplo, libros, producciones audiovisuales, música grabada) requiere la concesión de licencias de derechos por parte de diferentes titulares de derechos (por ejemplo, autores, artistas intérpretes o ejecutantes, productores). La concesión de licencias individuales de estos derechos no siempre es práctica o eficaz, por lo que se crearon **sociedades de gestión** (SG) para gestionar los derechos de autor y los derechos conexos de forma colectiva para algunos titulares de derechos y en algunos sectores.

La gestión colectiva ha estado tradicionalmente regulada en mayor o menor medida por la legislación nacional de cada estado miembro. Varias directivas contienen referencias a la gestión por SG, pero ninguna aborda las condiciones de funcionamiento de dichas SG como tal.

---

33 Directiva 2014/26/UE del Parlamento Europeo y del Consejo, de 26 de febrero de 2014, relativa a la gestión colectiva de los derechos de autor y derechos afines y a la concesión de licencias multiterritoriales de derechos sobre obras musicales para su utilización en línea en el mercado interior, DOUE núm. 84, de 20 de marzo de 2014, pp. 72-98.

En el caso de la distribución física de música (por ejemplo, CD), los derechos están centralizados en los productores de discos. La situación es diferente en lo que respecta a la explotación en línea de la música grabada (por ejemplo, mediante descargas), donde los autores ya no otorgan licencias sobre los derechos al productor de discos, sino directamente al proveedor de servicios en línea (por ejemplo, iTunes o Spotify). Esto lo hace en gran parte la SG que representa a los autores de obras musicales. Por lo tanto, los SG de los autores se han convertido en actores clave en la concesión de licencias de servicios en línea.

La directiva establece normas mínimas vinculantes sobre **gobernanza, transparencia y gestión financiera** y de datos que deben cumplir todas las organizaciones de gestión colectiva (OCM) de la UE. Generalmente, los titulares de los derechos de autor forman o nombran una organización de gestión colectiva para gestionar los derechos de sus obras protegidas por derechos de autor. Las organizaciones de gestión colectiva son organizaciones privadas independientes; por ejemplo, en España:

- Asociación de Gestión de Derechos Intelectuales (AGEDI)
- Sociedad de Artistas Intérpretes o Ejecutantes de España (AIE)
- Artistas Intérpretes Sociedad de Gestión (AISGE)
- Centro Español de Derechos Reprográficos (CEDRO)
- Derechos de Autor de Medios Audiovisuales (DAMA)
- Entidad de Gestión de Derechos de los Productores Audiovisuales (EGEDA)
- Compañía de licencias cinematográficas de España
- Sociedad General de Autores y Editores (SGAE)

Los principales **obstáculos** para el establecimiento de «igualdad de condiciones» en el mercado de suministro de licencias multiterritoriales para obras musicales en línea se deben a tres factores:

1. limitaciones territoriales;
2. falta de transparencia en la determinación de tarifas y regalías;
3. número reducido de organizaciones de gestión colectiva (OCM) y proveedores de servicios en línea.

Los **principios** de neutralidad territorial y no discriminación son introducidos por la directiva CRM. La implementación de estos principios de neutralidad territorial y no discriminación requiere un cierto nivel de enmienda a las reglas existentes en cada legislación nacional, especialmente en aquellos estados en que solo hay una OCM actuando en un mercado monopolístico. Por ejemplo, este es el caso de Italia, donde, a diferencia de lo que ocurre en otros países europeos, solo una OCM (SIAE - Società Italiana degli Autori e degli Editori) realiza actividades de intermediación.

1.6. La directiva sobre los derechos de autor y derechos afines en el mercado único digital

La creciente tecnología digital ha planteado una serie de desafíos a los derechos de autor como (*a*) la posibilidad de digitalizar obras protegidas por derechos de autor (por ejemplo, una fotografía se puede escanear en un archivo de imagen) y la creación de nuevos productos totalmente digitales (como el *software*), o (*b*) el crecimiento de redes como Internet, que permiten la rápida transmisión global de información digital. Cuando una imagen (la obra) se escanea en la memoria de un ordenador utilizando un escáner digital, dicha obra se copiará, y si está protegida por derechos de autor, esto constituiría una infracción de los derechos de autor. Una vez en formato electrónico, se podrían realizar numerosas copias adicionales de la obra, en el disco duro, lo que también infringiría los derechos de autor. La copia, además, también se puede distribuir en varios países en cuestión de segundos. Por ejemplo, si el servidor está ubicado en el país A y la persona que navega se encuentra en el país B, y las leyes de derechos de autor de dichos países difieren, esto puede dar lugar a un grado de protección diferente entre países.

Por ello, era muy necesaria la directiva (UE) 2019/790 del Parlamento Europeo y del Consejo, de 17 de abril de 2019, sobre los derechos de autor y derechos afines en el mercado único digital y por la que se modifican las directivas 96/9/CE y 2001/29/CE.[34] Esta directiva complementa, pero no modifica, otras directivas como la de la sociedad de la información de 2001.

Hay una nueva **excepción para la minería de textos y datos** (artículo 3), la cual no se limita explícitamente a usos «no comerciales», sino que privilegia a las «organizaciones de investigación» únicamente y se limita a las «reproducciones y extracciones» realizadas por tales instituciones. Por lo tanto, su uso es bastante limitado.

La directiva contiene, también, una limitación nueva para **usos educativos**. En particular, permite hacer que el material protegido sea accesible para los estudiantes a través de conexiones remotas y no solo «en las instalaciones» como antes.

No incluye el derecho a hacer remezclas, y responsabiliza a los estados miembros de introducir obligaciones legales para las plataformas de contenido y los proveedores de alojamiento de contenido generado por el usuario para implementar y hacer cumplir medidas de control técnico (por ejemplo, el Content-ID de YouTube). El resultado es una mayor obligación de aplicación privada contra las infracciones de derechos de autor.

En el capítulo 3 (artículos 18-23) se reconoce el derecho a una remuneración adecuada y proporcionada para el autor y prevé, entre otras cosas, una cláusula tipo «cláusula de éxito de ventas» similar a la existente en Alemania en el artículo 32a UrhG. Según esta disposición, el autor tendrá derecho a reclamar una remuneración adicional si la que acordó con su licenciante resulta ser demasiado baja en comparación con los beneficios que se obtuvieron de la explotación de la obra.

Los temas controvertidos de esta nueva directiva son:

— Hay algunos nuevos **tipos de obras que no encajan** directamente en las categorías existentes. Un ejemplo sería el de los productos multimedia. Si no pueden clasificarse en una de las categorías existentes, no cumplen con los requisitos para la protección de derechos de autor. Al mismo tiempo, obligar a los productos multimedia a encajar en una de las categorías existentes de obras, por ejemplo, en la categoría de programas de ordenador, daría lugar a la protección de las partes de la obra multimedia que coincidan con las características de esta categoría, pero no protegería la nueva obra en su conjunto, con todas sus características adicionales.

— Es difícil no estar de acuerdo en que mantener una **lista cerrada de excepciones** a los derechos de autor es cada vez más difícil en un mundo de desarrollo tecnológico rápido e impredecible, y difícil de conciliar con la necesidad generalmente reconocida de crear normas de derecho de autor tecnológicamente neutrales.

— En cuanto a los **motores de búsqueda**, en el momento de redactar la directiva se debatió si algunas de sus características, como hipervínculos o *thumbnails*, implicarían el uso de obras para las que podría ser necesaria la autorización del titular del derecho. Los hipervínculos se podrían considerar como citas. De hecho, en el asunto Svensson,[35] el tribunal de justicia respondió a la pregunta de si los enlaces deben considerarse una comunicación al público. Según el tribunal, ese no sería el caso si las obras están disponibles gratuitamente en otro sitio web, ya que el público no es nuevo.

— Si existiera un **código internacional** de derechos de autor, sería la solución a la armonización y la aplicación efectiva de los derechos de autor en el mundo digital.

---

34 DO L 130 de 17.5.2019, pp. 92-125.
35 Asunto C-466/12 Nils Svensson, Sten SjOgren, Madelaine Sahlman, Pia Gadd v. Retreiver Sverige AB, sentencia 13 febrero 2014, para. 32, 41.

ACTIVIDAD 1. DERECHOS DE AUTOR
Lee el caso Infopaq (C-5/08, 16 julio 2009) y contesta las siguientes preguntas:
1. ¿Distingue el tribunal la protección de los derechos de autor que se aplica cuando solo se reproducen algunas partes de una obra de la reproducción de la obra completa? 2. ¿Se pueden proteger las palabras y las oraciones mediante derechos de autor? ¿Por qué? 3. ¿Qué argumento utiliza Infopaq para afirmar que sus actos de reproducción son transitorios o incidentales? 4. Según la corte, ¿cuál es el requisito necesario para determinar que un acto tiene carácter transitorio? 5. ¿Por qué la corte concluye que el proceso de captura de datos necesita el consentimiento previo de los titulares de derechos, pero no es necesario para la creación de archivos TIFF?

2. Leyes en materia de marcas

Cualquier signo susceptible de ser representado gráficamente puede ser una marca, incluyendo palabras, nombres, diseños, letras, etc. En la UE existe una directiva que regula el uso de marcas registradas.[36] El artículo 1 establece que la directiva se aplica a toda marca de «productos o de servicios que, en calidad de marca individual, de marca de garantía o de certificación o de marca colectiva, hayan sido objeto de registro o de solicitud de registro en un estado miembro o en la oficina de propiedad intelectual del Benelux o que hayan sido objeto de un registro internacional que surta efectos en algún estado miembro.»

Los derechos de autor deben distinguirse de la ley de marcas registradas. Por ejemplo, copiar un logotipo protegido por derechos de autor colocándolo en un sitio web puede equivaler a una infracción de derechos de autor, incluso si el logotipo no se utiliza como marca comercial y, por lo tanto, no hay infracción de marca comercial o falsificación.

La **infracción por derecho de marca**, por el contrario, se produce cuando existe una violación de los derechos exclusivos de marca sin la autorización del propietario de dicha marca o sin licencia. La infracción se dará si el supuesto infractor usa una marca idéntica o casi idéntica (que pueda crear confusión) con la marca registrada por otra parte, siempre que en ambos casos se comercialicen productos del mismo ámbito o de ámbitos similares.

Así pues, el uso por sí solo no constituye una infracción. La directiva de marcas reconoce tres formas de infracción:

    i. cuando las marcas y los productos/servicios de las partes sean idénticos;
    ii. cuando las marcas y productos/servicios de las partes sean similares y exista confusión, o
    iii. cuando la marca antigua goza de renombre y el uso menor, a través de su asociación con el uso mayoritario, causa un perjuicio al carácter distintivo o la reputación de la marca mayoritaria, o se aprovecha indebidamente de la marca mayoritaria.

El TJUE ha adoptado un enfoque expansivo para interpretar los tres tipos de daño en los casos de palabras clave. El acceso a **palabras clave publicitarias** consiste en que los motores de búsqueda han ofrecido a terceros la oportunidad de mostrar anuncios de sus productos o servicios, etiquetados como «enlaces patrocinados», en una posición destacada cuando los consumidores buscan palabras clave por las que los terceros han pagado. Así, se mostrará un anuncio de terceros en respuesta a la introducción de la marca comercial. Por ejemplo, si Adidas compró Nike como palabra clave, aparecería un anuncio de Adidas cada vez que un consumidor buscara el término «Nike», y muchos usuarios se confundirían con esta práctica. Casos recientes

---

36 Directiva (UE) 2015/2436 del Parlamento Europeo y del Consejo, de 16 de diciembre de 2015, relativa a la aproximación de las legislaciones de los estados miembros en materia de marcas (texto pertinente a efectos del EEE). DO L 336 de 23.12.2015, pp. 1-26.

han aclarado la protección de marcas de la UE en el contexto de Internet. El TJUE se ha pronunciado acerca de la responsabilidad tanto de quien vende como de quien compra palabras clave:

En el **asunto L'Oréal**[37] se analizó precisamente el uso de la marca registrada en el marketing en línea. La plataforma de subastas eBay ofreció una variedad de productos a la venta en su sitio web. Entre ellos se encontraban productos que infringían la marca registrada de la demandante L'Oréal. El tribunal dictaminó que, según la interpretación adecuada de la directiva sobre marcas, el titular de la marca tiene derecho a prohibir la publicidad de productos que lleven su marca cuando exista riesgo de confusión. El tribunal realizó una distinción entre los casos en los que el operador del **sitio web desempeña un papel activo** proporcionando asistencia en el proceso de venta y los casos en los que no lo hace. En el primero, la directiva de comercio electrónico (artículo 14) no lo exime de responsabilidad, mientras que en el segundo sí lo hace.

En el **asunto Google contra Louis Vuitton**,[38] la marca Louis Vuitton demanda a Google por vender Vuitton, Louis Vuitton y LV como palabras clave que se usaban para enlaces patrocinados a sitios que vendían productos de imitación de Vuitton. Durante años, Google y una serie de marcas de lujo han estado litigando porque el sistema de Google Ad Words permite la compra de palabras clave a publicistas de imitación de marcas para que luego su anuncio salga en los resultados de búsqueda de Internet. En concreto, Google permite que se compren palabras como «Luis Vuitton» para **promocionar productos falsos** de dicha marca.

> Louis Vuitton y otras marcas argumentaron que las consultas de búsqueda que contienen palabras sobre las que poseen marcas registradas mostraban no solo los archivos legítimos (en la ventana de búsqueda normal), sino también los archivos pagados tipo AdWords de competidores que producían y/o vendían productos falsificados.

En 2003 Louis Vuitton denunció a Google ante los tribunales franceses, los cuales le dieron la razón. En 2005 Google fue condenado a pagar daños a Louis Vuitton por promocionar productos falsos de dicha marca. En 2006 el tribunal de apelación de París fue un paso más allá y extendió la condena a la forma en que Google indexaba de manera «natural» su contenido, argumentando que el motor de búsqueda podría filtrar resultados y así evitar páginas webs de productos falsos. En 2008 este tribunal emitió una cuestión prejudicial al TJUE para aclarar la directiva de marcas. El tribunal dictaminó que un motor de búsqueda de Internet que almacena una palabra clave, que es un «signo idéntico a una marca comercial», y muestra anuncios basados en esa palabra clave, no utiliza el signo en el sentido de la directiva de marcas. En otras palabras, **no se puede prevenir directamente el uso de una marca (por ejemplo, «Louis Vuitton») como palabra clave en Google**, a no ser que Google haya desempeñado un papel activo y, por lo tanto, haya tenido conocimiento y control sobre los datos almacenados.

El **asunto BergSpechte**[39] se resolvió solo dos días después del asunto Google contra Louis Vuitton, ya que resultó ser un caso similar. En este caso, BergSpechte es propietaria de una marca registrada que comercializa ropa, servicios de viaje y diversos servicios de enseñanza, entretenimiento y deportivos. Otra empresa, trekking.at Reisen, competía con BergSpechte ofreciendo recorridos «al aire libre». Esa empresa compró «Edi Koblmüller» y «Bergspechte» como AdWords que generaba la aparición de sus propios anuncios como enlaces patrocinados. El propietario de la marca comercial BergSpechte se opuso al uso de su marca comercial como palabra clave publicitaria por parte del competidor. Se trata de otro caso de AdWords, en el que Google permitía a cualquier operador eco-

37 C-324/09, L'Oréal SA, Lancôme parfums et beauté & Cie SNC, Laboratoire Garnier & Cie, L'Oréal (UK) Ltd v eBay International AG et al. 12 julio 2011
38 C-236/08 and 238/08 Google France SARL and Google. v Louis Vuitton Malletier SA and Others [2010] ECR 1-02417.
39 Case C-278/08 Die BergSpeehte Outdoor Reisen und Alpinsehule Edi Koblmüller GmbH v Günther Guni and trekking.at Reisen GmbH [2010] ECR1-2517.

nómico, mediante la reserva de una palabra clave, colocar un enlace a su propio anuncio marcado como «enlace patrocinado». Cuando el usuario empleaba esas palabras clave como término de búsqueda, además de los «resultados naturales» de la búsqueda, obtenía los productos patrocinados según AdWords. BergSpechte solicitó y obtuvo una medida cautelar del Landesgericht y se impusieron medidas de protección a trekking.at Reisen, prohibiéndole dirigir a los usuarios a su propia página de inicio mediante un enlace en las páginas que contienen listas de resultados obtenidas utilizando motores de búsqueda de Internet con los términos de búsqueda «Edi Koblmüller» y «Bergspechte». La acción llegó finalmente al Tribunal Supremo austriaco, que planteó cuestiones prejudiciales.

La ligera diferencia aquí es que la marca registrada y **las palabras clave en cuestión no eran estrictamente idénticas**. La marca estaba compuesta de la palabra BERGSPECHTE, «Outdoor-Reisen und Alpinschule Edi Koblmüller» en letras más pequeñas y la imagen de un pájaro con una máscara y botas escalando una montaña. Las palabras clave consistían únicamente en fragmentos de la marca registrada: los términos «Bergspechte» y «Edi Koblmüller».

Finalmente, en el **asunto Interflora**,[40] la empresa Marks & Spencer usó la palabra «Interflora» y otras marcas comerciales similares en Google AdWords para atraer a clientes para su servicio de entrega de flores. Interflora es una marca comercial registrada propiedad de Interflora Inc., una empresa estadounidense de entrega de flores. Esto planteó la posibilidad de que los consumidores creyeran que Marks & Spencer era parte de esa red cuando, como resultado de la compra de su palabra clave, sus anuncios aparecían como un enlace patrocinado en respuesta a la entrada de «Interflora» como un término de búsqueda. En estos casos, los tribunales nacionales están obligados a realizar una evaluación cualitativa para determinar si existe riesgo de confusión o asociación, o si existe un vínculo entre la marca y el signo. Aquí, el tribunal inglés sostuvo que la práctica sí constituía una infracción de marca registrada, ya que cuando los usuarios escribían «Interflora», **no quedaba claro que el servicio de entrega de flores ofrecido por M&S no procedía de Interflora**. Por lo tanto, los casos de palabras clave demuestran una tensión subyacente en el derecho de marcas. Aun así, parece que **los motores de búsqueda están exentos de responsabilidad** por la venta de palabras clave, independientemente de que la venta y/o visualización de esas palabras clave en última instancia conduzcan a confusión o cualquier otra forma de daño a la marca en cuestión. El TJUE, en el caso Louis Vuitton, encontró que las actividades de almacenamiento y visualización de las palabras clave de Google quedaban justificadas como «actividades comerciales con el fin de obtener una ventaja económica», incluso cuando facilitaba el uso de marcas superiores por parte de otros. Por lo tanto, **Google no infringía la directiva de marcas**, sin entrar a analizar el fondo de las actividades de Google. En cambio, sí se ha dictaminado **responsabilidad de los compradores de palabras clave**. A diferencia de lo que ocurre con la responsabilidad de los proveedores de servicios, el TJUE no ha realizado grandes esfuerzos para evitar encontrar responsabilidades en relación con quienes compran palabras clave, ya que se ha considerado que los anunciantes han hecho un «uso en el tráfico comercial» de las marcas que han comprado como palabras clave publicitarias. Por ejemplo, en el caso Ebay estudiado arriba, el tribunal consideró que Ebay podía infringir la directiva de marcas, aunque eBay no estuviera utilizando las marcas en cuestión para referirse a sus propios productos.

3. Ley de patentes

Una **patente** es un conjunto de derechos exclusivos concedidos por un estado a una o varias personas inventoras de un nuevo producto o tecnología, que pueden ser comercializados por un período limitado de tiempo. Algunas patentes son muy complejas y en algunas los solicitantes exageran la complejidad de la invención propuesta. Por ejemplo, la descripción y especificación de la patente IBM en Commit tienen 109 páginas y contienen 50 diagramas. Las tácticas de protección son generalmente específicas para cada invención, pero el abogado buscará la protección más amplia posible, con el fin de maximizar los ingresos en lugar de proteger una invención.

---

40 C-323/09 Interflora e.a. v Marks & Spencer, 22 septiembre 2011.

Una **patente de** *software* cubre innovaciones (en forma de dispositivos) que han sido concebidas, diseñadas e implementadas a través de la programación de un ordenador o dispositivo informático. Desde una perspectiva legal, la palabra *software* no tiene significado *per se*, ya que una patente es simplemente una patente. El problema es el hecho de que es muy difícil delinear los atributos que hacen que una innovación patentable sea legítima, ya que el proceso de patente se ha diseñado en torno a algo que es fácil de tocar y examinar. Un *software* es efímero, lo que dificulta presentar al registro de patentes exactamente lo que es único en la innovación; por ello, existe una tendencia a centrarse en el efecto de la innovación y no en el diseño que la hizo posible. Así, las patentes de *software*, a diferencia de cualquier otra tecnología, no representan algo físico (aunque tiene presencia física de algunas formas: como programas escritos, como código, como agente para controlar el *hardware*, etc.). La descripción del *software* contiene un nivel de abstracción, explicando lo que hace el código, el algoritmo, etc.

Si dos personas escriben *softwares* sustancialmente similares de forma independiente, no puede haber una infracción de derechos de autor. Por el contrario, si una de las piezas de *software* fue ya patentada, la otra aún podría infringir la patente.

Es importante remarcar que las patentes crean derechos de monopolio absolutos; en cambio, los derechos de autor no. Sin embargo, a nivel jurídico, las **patentes** solo están cubiertas indirectamente en la UE a través de leyes internacionales. De hecho, en 2005 hubo un intento fallido de la Comisión Europea para adoptar una directiva sobre **la patentabilidad de las invenciones implementadas en ordenador**, ya que la mayoría del Parlamento Europeo votó en contra. Una de las principales polémicas era que la directiva propuesta pretendía incorporar la Oficina Europea de Patentes (OEP) en la legislación europea.

A nivel internacional, existe el **Convenio Europeo de Patentes**,[41] que creó una Oficina Europea de Patentes y que proporciona un mecanismo unificado para la concesión de patentes europeas. Aunque no se crea una patente europea unitaria, gracias a este convenio se simplifica el procedimiento de solicitud de patentes. El convenio también protege las patentes de *software*, pero esa protección es diferente según los distintos sistemas nacionales.

En 2011 la Oficina Europea de Patentes[42] concluyó que se podía denegar una solicitud de protección de un modelo de configuración implementado en ordenador por falta de carácter técnico. La oficina explicó que la solicitud se limita a revelar conceptos abstractos de gestión de la información en lugar de establecer una implementación informática práctica. Aunque la aplicación proporcionaba una descripción de cómo se podían configurar varias versiones del producto, esto no era *per se* una característica técnica de la implementación en ordenador. Quizás el mayor reto es que el concepto de **contribución técnica** carece de claridad hoy en día. De hecho, existen muchas quejas de jueces en varios países de que aplicar la prueba de «contribución técnica» de la Corte Europea de Patentes es más difícil de lo que uno podría imaginar en un principio.

Finalmente, cabe destacar que vamos hacia un **tribunal unificado de patentes** en Europa. Si bien se ha adoptado un sistema de patentes unitarias por el que se autoriza una cooperación reforzada en el ámbito de la creación de protección de patentes unitarias,[43] falta aún un tribunal superior en Europa capaz de imponer el cumplimiento y ello dificulta la armonización. El Convenio Europeo de Patentes no es una ley europea, es una convención administrada por un organismo internacional y firmada por países que no son todos miembros de la Unión Europea.

El tribunal unificado de patentes (que aún está en fase de propuesta) es un tribunal común abierto a la participación de todos los estados miembros de la Unión Europea. El tribunal conocerá de los procedimientos de infracción y revocación de patentes europeas (incluidas las patentes unitarias) válidas en los territorios de los estados participantes, siendo directamente aplicable en dichos territorios una única sentencia judicial. La solicitud de patentes unitarias a partir de la concesión de determinadas patentes europeas será posible a partir de la constitución de dicho tribunal. El tribunal se establecerá mediante el acuerdo que ya fue firmado como un tratado intergubernamental en febrero de 2013 por 24 estados miembros (todos excepto España,

---

41 Convention on the Grant of European Patents (European Patent Convention) of 5 October 1973 as revised by the Act revising Article 63 EPC of 17 December 1991 and the Act revising the EPC of 29 November 2000.

42 T 1359/08 (Information management/SAP AG) of 14.1.2011, ECLI:EP:BA:2011:T135908.20110114.

43 Decisión del Consejo 2011/167/UE, de 10 de marzo de 2011.

Polonia y Croacia).[44] Hay 17 ratificaciones hasta la fecha[45] y el tribunal está a punto de estar operativo. Son necesarias otras tres ratificaciones para entrar en la fase final de creación del tribunal unificado de patentes. Se espera que pronto se logren las ratificaciones requeridas que den lugar a la implementación del tribunal como una organización internacional. En esta fase de aplicación provisional tendrán lugar, por ejemplo, la adopción de la legislación secundaria y el presupuesto del tribunal, la finalización del sistema electrónico de gestión de casos, incluidas las pruebas de resistencia, y el proceso de selección y nombramiento de los jueces del tribunal. Cuando esté claro que el tribunal estará operativo tras la entrada en vigor del UPCA (Unified Patent Court) la ratificación final del acuerdo por parte de Alemania puede tener lugar sirviendo como «guardián» para que los estados miembros garanticen un proceso adecuado.

---

44 Acuerdo del Tribunal Unificado de Patentes (16351/12) (véanse también los reglamentos 1257/2012 y 1260/2012).
45 Ver https://www.consilium.europa.eu/en/documents-publications/treaties-agreements/agreement/?id=2013001 (último acceso 2/2/2022).

ACTIVIDAD 2. DERECHOS DE PROPIEDAD INTELECTUAL

Lee las siguientes situaciones e indica si hay alguna infracción de propiedad intelectual o no. En caso afirmativo, especifica si se trata de derechos de autor, marca registrada o patente.

1. Descargas y compartes archivos MP3 de música, vídeos y juegos sin permiso del propietario de los derechos de autor.
2. En Cottleville (EE. UU.), un pub llamado Exit 6 empieza a servir una cerveza llamada Frappicino, nombre similar al mundialmente famoso café Frapuccino de Starbucks.
3. Una tienda en Covent Garden (centro de Londres) vende su última marca, Baby Gaga, un helado hecho con leche materna mezclada con vainilla y limón. La cantante Lady Gaga quiere iniciar acciones legales contra la tienda porque considera que la asociación afecta a su reputación. El dueño de la tienda argumenta que la cantante no es dueña de la palabra «gaga», ya que esta es de hecho una de las primeras frases perceptibles que suele salir de la boca de un bebé.
4. Utilizas logotipos corporativos sin permiso para publicitar tu propio negocio.
5. La compañía estadounidense Hallmark comenzó a vender una tarjeta de felicitación que pretendía mostrar el «primer día como camarera» de Hilton, usando una foto de Paris Hilton y su frase registrada «Eso es genial». Hilton demandó, alegando que se habían violado sus derechos de publicidad.
6. Escaneas una fotografía que se ha publicado y la usas en un cartel publicitario de tu negocio sin permiso ni indicación de la fuente.
7. Colocas una cantidad de artículos de texto completo en la página web de un curso y permites que la página web sea accesible para cualquier persona que pueda acceder a Internet.
8. Desde 2010, la gran empresa de tecnología Facebook disfruta de una marca registrada en la palabra *«face»* cuando se trata de «servicios de telecomunicaciones», es decir, todo lo que se relacione con proporcionar salas de chat en línea y tableros de anuncios electrónicos para la transmisión de mensajes entre usuarios en el campo de interés general y que se refiera a temas sociales y de entretenimiento. En 2022 se establece un nuevo sitio de redes sociales llamado FaceMeet.
9. La patente 1-Click (o One-Click, OneClick) de Amazon, que permite métodos de pago con un solo clic, está registrada en la oficina de patentes de los Estados Unidos. Sin embargo, la solicitud ha sido denegada bajo la EPO en Europa. La empresa Barnes&Noble (EE. UU.) y El Corte Inglés (España) utilizan estos métodos en sus sitios web.
10. Descargas un *software* con licencia de sitios no autorizados sin el permiso del titular de la licencia o derechos de autor.
11. La cerveza Budweiser usa el eslogan «This Bud's For You» en su campaña publicitaria. Es una marca registrada de Budweiser. Un grupo de floristas decidió utilizar el mismo eslogan para comercializar sus flores. Budweiser demanda al grupo de floristas, pero estos últimos argumentan que es muy poco probable que un cliente potencial de Budweiser confunda un ramo de flores con un paquete de seis cervezas. Por lo tanto, los floristas consideraran que no infringen la marca registrada de Budweiser cuando utilizan el eslogan.
12. Decides poner a disposición un gran segmento de una película en un sitio web sin permiso del propietario de los derechos de autor.
13. Nike, Inc. («Nike») presenta esta demanda contra Michael Stanard («Stanard») alegando infracción de marca registrada, competencia desleal y prácticas comerciales engañosas que surgen de la fabricación y venta de camisetas, sudaderas y ropa con el logotipo «MIKE» por parte de los demandados, que se muestra en el mismo tipo de letra y junto con una reproducción de la famosa raya de Nike para la cual se ha otorgado protección de marca a Nike. Además, Nike sostiene que el uso por parte de los demandados del nombre comercial «Just Did It» constituye una infracción del eslogan de Nike «Just Do It».

4. Licencias de *software* libre

Una licencia de *software* es un contrato entre el licenciante (autor/titular de los derechos de explotación/distribución) y el licenciatario (usuario consumidor, profesional o empresa) del programa informático, para utilizarlo cumpliendo una serie de términos y condiciones establecidas dentro de sus cláusulas.

Es decir, se trataría de un conjunto de permisos que un desarrollador puede otorgar a un usuario, a cambio de unos honorarios o no, en que tiene la posibilidad de distribuir, usar o modificar el producto bajo una licencia determinada.[46]

Es importante tener en cuenta que, para utilizar un *software* conforme a derecho, siempre se debe disponer de licencia. Estas pueden establecer entre otras cosas:

— la cesión de determinados derechos del propietario al usuario final sobre una o varias copias del programa informático;
— los límites en la responsabilidad por fallos;
— el plazo de cesión de los derechos;
— el ámbito geográfico de validez del contrato, y
— determinados compromisos del usuario final hacia el propietario, tales como la no cesión del programa a terceros o la no reinstalación del programa en equipos distintos al que se instaló originalmente.

Cuando hablamos de *software* libre, es importante tener en cuenta que no nos estamos refiriendo a gratuidad en el acceso al mismo, sino que hablamos, por así decirlo, de una noción de libertad con mayúsculas, ya que su epicentro gira en torno al respeto a los deseos de la comunidad, así como de los propios usuarios, significando así que los usuarios tienen la posibilidad de **ejecutar, copiar, distribuir, estudiar, cambiar y mejorar el software**.

Entenderemos, por lo tanto, que «*software* libre» es una cuestión de libertad, no de precio, siendo posible haber pagado dinero para obtener copias de un programa, o haberlo obtenido de forma gratuita. Pero, independientemente de cómo hayamos obtenido la copia, siempre tendremos la libertad de copiar y modificar el *software*, incluso de vender copias.

De esta forma, una licencia de *software* libre es un documento que otorga al licenciatario derechos extensivos para modificar y redistribuir ese *software*. Acciones que normalmente se encontrarían prohibidas por las leyes de derechos de autor, pero que, en el caso del *software* libre, el creador del *software* puede eliminar esas restricciones acompañando al *software* con una licencia que otorgue al receptor dichos derechos.

Así, el *software* que usa tales licencias se denomina *software* libre y esas libertades las concede el propietario del *copyright*. Las licencias de *software* libre se aplican tanto al *software* en forma de código fuente como en código objeto binario, ya que las leyes de derechos de autor reconocen ambas formas.

Hoy en día, para definir un *software* como libre, este debe cumplir **cuatro libertades básicas**:

• Libertad 0: la libertad de ejecutar el programa como desee, para cualquier propósito.
• Libertad 1: la libertad de estudiar cómo funciona el programa y cambiarlo para que haga su cálculo como desee. El acceso al código fuente es una condición previa para ello.
• Libertad 2: la libertad de redistribuir copias para que puedas ayudar a otros.
• Libertad 3: la libertad de distribuir copias de sus versiones modificadas a otros. Al hacer esto, puede darle a toda la comunidad la oportunidad de beneficiarse de sus cambios. El acceso al código fuente es una condición previa para ello.[47]

Por lo tanto, un programa es *software* libre si cumple con las cuatro libertades. De lo contrario, no es libre. En cualquier escenario dado, estas libertades deben aplicarse a cualquier código que planeemos usar o que conduzca a otros a usar.

---

46 Tipos de licencia de *software* https://www.tecnologia-informatica.com/tipos-licencias-software-libre-comercial/ (visitado el 26/01/2022).
47 La razón por la que están numerados 0, 1, 2 y 3 es histórica. Alrededor de 1990 había tres libertades, numeradas 1, 2 y 3. Posteriormente se consideró que la libertad de ejecutar el programa debía mencionarse explícitamente. Esta «libertad» era claramente más básica que los otras tres, por lo que debería precederlas. Por lo tanto, en lugar de volver a numerar a las demás, se convirtió en la libertad 0.

Por ejemplo, si consideramos un programa «X» que inicia automáticamente un programa «Y» para manejar algunos casos. Si planeamos distribuir «X», eso implica que los usuarios necesitarán «Y», por lo que debemos juzgar si tanto «X» como «Y» son libres. Sin embargo, si planeamos modificar «X» para que no use «Y», solo «X» necesitaría ser libre.

En cuanto a las **diferencias entre** *software* **libre** *«free software»* **y código abierto** *«open source»*, en la práctica, el código abierto difiere del *software* libre debido a que representa criterios un poco más flexibles. Es decir, todo el código fuente de *software* libre publicado actualmente se calificaría como código abierto, pero no todo el *software* de código abierto es *software* libre. Ello se debe fundamentalmente a dos factores:

1. En primer lugar, debemos tener en cuenta que algunas licencias de código abierto son demasiado restrictivas, por lo que no se califican como licencias libres. Por ejemplo, Open Watcom no se consideraría como libre, porque su licencia no permite realizar una versión modificada y usarla de forma privada.[16]
2. En segundo lugar, cuando el código fuente de un programa lleva una licencia débil, una sin *copyleft*, sus ejecutables pueden llevar condiciones no libres adicionales. Microsoft hace esto con Visual Studio Code, por ejemplo.

Así, estos ejecutables corresponden completamente a las fuentes publicadas, y por lo tanto se calificarían como código abierto, pero no como *software* libre.

Finalmente, y lo más importante en la práctica, muchos productos que contienen sistemas que verifican las firmas en sus programas ejecutables para impedir que los usuarios instalen otros ejecutables. De esta forma, solo una empresa «privilegiada» puede crear ejecutables que se pueden instalar en el dispositivo o pueden acceder a todas sus capacidades. Este tipo de dispositivos se conocerían como «tiranos», y la práctica se llama «tivoización» (término acuñado por Richard Stallman) por el producto (Tivo) en el que esta práctica se dio por primera vez. Incluso si el ejecutable está hecho a partir de un código fuente abierto y nominalmente tiene una licencia libre, los usuarios no pueden ejecutar versiones modificadas del mismo, por lo que el ejecutable no es libre *de facto*. Hoy en día, por ejemplo, muchos productos de Android contienen ejecutables tivoizados no libres de Linux, ya que su código fuente está bajo la versión 2 de GNU GPL (como licencia de *software* libre). La versión 3 de GNU GPL se diseñó precisamente para prohibir esta práctica. Los criterios para el código abierto se refieren, así, únicamente a la concesión de licencias del código fuente. Por lo tanto, estos ejecutables no son libres, pese a que se crean a partir de un código fuente como Linux.

«*Software* libre» no significa «no comercial». Por el contrario, un programa gratuito debe estar disponible para uso comercial, desarrollo y distribución comerciales. Esta política es de importancia fundamental, ya que sin ella el *software* libre no podría alcanzar sus objetivos de democratizar el acceso a la tecnología.

Los activistas del *software* libre como Richard Stallman siempre han argumentado a favor de la extensión del sistema GNU, también al sector empresarial. Ello requiere permitir el uso comercial, con el fin de permitir que los programas de reemplazo libres suplanten a los programas patentados comparables.

La **European Union Public License** (EUPL) es la primera licencia europea de *software* libre/de código abierto (F/OSS) creada por iniciativa de la Comisión Europea. Es un instrumento legal único desarrollado en 22 idiomas europeos y puede ser utilizado por cualquier persona para la distribución de *software*.

Existen más de otras cien licencias F/OSS. El objetivo de la EUPL no es competir con ninguna de estas licencias, sino, en palabras de la propia comisión, «animar a una nueva ola de administraciones públicas a adoptar el modelo Free/Open Source para valorizar su *software* y conocimiento, empezando por las propias instituciones europeas.»[48]

La Comisión Europea distribuye su propio *software* bajo licencia. Algunas aplicaciones desarrolladas en el marco del programa IDABC, como CIRCABC (Centro de Recursos de Información y Comunicación para Administraciones, Empresas y Ciudadanos), o EUSurvey ya han sido licenciadas bajo la EUPL en 2007. Pero ¿por qué crear un nuevo instrumento legal desde cero cuando existen más de cien licencias F/OSS, como la GPL, la BSD o la OSL? La razón es que en un estudio legal detallado no se encontró ninguna licencia existente que cumpliera con los requisitos de la Comisión Europea:

---

48 Véase https://commission.europa.eu/content/european-union-public-licence_en (último acceso 9 de enero de 2024).

— La licencia debe tener el mismo valor legal en muchos idiomas.

— La terminología relativa a los derechos de propiedad intelectual tenía que ser conforme a los requisitos de la legislación europea.

— Para ser válidas en todos los estados miembros, las limitaciones de responsabilidad o garantía tenían que ser precisas y no estar formuladas «en la medida permitida por la ley» como en la mayoría de las licencias diseñadas teniendo en cuenta el entorno legal de los Estados Unidos.

ACTIVIDAD 3. *SOFTWARE* LIBRE
A partir del texto de la decisión de ejecución (UE) 2017/863 de la Comisión de 18 de mayo de 2017, justifica:
a. Si esta licencia garantiza realmente un *software* libre atendiendo a las cuatro libertades. b. Enumera los elementos de la decisión que permitirían el cumplimiento de las cuatro libertades.

Tema 6. La contratación de bienes y servicios de tecnología de la información

Los diversos tipos de empresas y organizaciones, incluso las particulares, deben enfrentarse en algún momento al complejo proceso de adquirir bienes y servicios de tecnología de la información (TI a partir de ahora). El exponencial crecimiento de la oferta, así como los cambios tecnológicos que se han experimentado en la última década, hacen que en la toma de cualquier decisión deba atender a muchos factores.

La adquisición de bienes y servicios de TI es un momento muy crítico para aquellas organizaciones que tengan una elevada orientación tecnológica. Una mala decisión puede acarrear pérdidas cuantiosas, rendimientos por debajo de lo esperado, elevación de costes o una dependencia excesiva de un proveedor, lo cual puede ocasionar un «efecto cautivo» del cliente.

En este sentido, se trataría de un aspecto sustancial del conocido como *IT Governance* o **gobernanza de las tecnologías de la información**. En los principales procesos de la organización se debe emplear una visión holística. Se trata de aunar conocimientos, experiencias y diversas perspectivas en la toma de decisiones. Igualmente, debe producirse una planificación estratégica a largo plazo, en la que todo gasto esté orientado a negocio y perfectamente alineado con los objetivos de la organización.

En el presente tema se van a analizar las diversas tipologías de contratos tecnológicos, haciendo especial énfasis en las tendencias actuales, así como en las problemáticas más habituales en torno a estos procedimientos de contratación. Por último, se señala la necesidad de que los/las directores/as de sistemas de información (*CIO-Chief Information Officer* en inglés) o los/las directores/as de tecnologías de la información (*CTO-Chief Technology Officer* en inglés) cuenten con una amplia comprensión de los conceptos fundamentales de la contratación informática o tecnológica.

En primer lugar, se van a analizar los contratos informáticos, desde su concepto hasta las diversas tipologías. Seguidamente, atendiendo a la gran importancia en el sector tecnológico, se va a estudiar de manera particular el denominado contrato de externalización u *outsourcing*. Finalmente, se hace una mención especial a las diversas cuestiones jurídicas que conlleva la contratación en la nube.

1. Los contratos informáticos

La categoría jurídica de «**contrato informático**» es una construcción doctrinal para agrupar aquellas figuras diversas que tienen por objeto regular la creación y la transmisión de derechos y obligaciones derivados de la contratación de bienes y servicios de tecnologías de la información. Se trata de una denominación que no se halla directamente recogida en la legislación existente, sino que analiza la aplicación de los contratos tradicionales al ámbito tecnológico en el marco de la teoría general del contrato (por ejemplo, la compraventa de equipos informáticos), así como otros contratos atípicos de creación más reciente (por ejemplo, el *outsourcing*). En muchas ocasiones son contratos híbridos que están formados por varios contratos; por lo tanto, habrá que acudir a la voluntad de las partes para determinar el alcance de estos. Por último, existe un consenso en excluir de esta tipología aquellos que se formalizan por medios electrónicos e informáticos (por ejemplo, la compra de ropa a través de una plataforma en línea), que se recogerían bajo la rúbrica jurídica de los «contratos electrónicos».

ACTIVIDAD 1. CONCEPTO DE CONTRATO INFORMÁTICO

Reflexiona sobre las siguientes preguntas

1. ¿Es cierto que el concepto de contrato informático no comporta un *numerus clausus* (número limitado y determinado) de contratos?
2. ¿El conocido como comercio electrónico estaría dentro de la categoría de contratación informática?

Los contratos informáticos, por otra parte, nacen de la voluntad de las partes y su celebración puede llevarse a cabo de manera verbal o escrita, incluyendo esta última los medios electrónicos.[49] Las partes del contrato, según su naturaleza, pueden ser el proveedor, el distribuidor, el diseñador, el usuario, el cliente o el adquirente, etc. En algunas ocasiones, se deberá aplicar la normativa civil y en otras, la mercantil; además, se deberá atender a la legislación de consumo en aquellos supuestos en que exista un usuario particular.

Antes de adentrarnos en la descripción y el análisis de los diversos tipos de contrato, conviene realizar una breve delimitación conceptual de aquello que constituye el objeto de estos: los bienes y servicios informáticos.

Los **bienes informáticos** son «todos aquellos que forman el sistema [...] en cuanto al *hardware*, ya sea la unidad central de proceso o en sus periféricos, y todos los equipos que tienen una relación directa de uso con respecto a ellos y que, en su conjunto, conforman el soporte físico del elemento informático, así como los bienes inmateriales que proporcionan las órdenes de datos, procedimientos e instrucciones, en el tratamiento automático de la información y que, en su conjunto, conforman el soporte lógico del elemento informático».[50] Los **servicios informáticos** son «todos aquellos que sirven de apoyo y complemento a la actividad informática en una relación de afinidad directa con ella».[51] Estos pueden estar relacionados con *hardware*, *software* o con la conectividad de las tecnologías de la información (*Internet Service Providers*, *hosting*, etc.). La tendencia actual de la mayoría de las grandes organizaciones es la adquisición de servicios informáticos y la externalización de muchas funciones, especialmente a través de las múltiples soluciones que ofrece la computación en la nube (*cloud computing*). Estos últimos servicios se clasifican en *software as a Service* (SaaS), *Infrastructure as a Service* (IaaS) y *Platform as a Service* (PaaS).

En relación con los bienes y servicios, en tanto que objeto del contrato, se producen algunas particularidades propias del ámbito tecnológico, como incluir las especificaciones del bien informático, la existencia de verificaciones y validaciones previas antes de la aceptación de producto final, la adecuación de las instalaciones, etc. En muchos supuestos se trata de contrataciones híbridas y complejas.

En el ámbito de la contratación informática, está muy extendido el uso de los denominados «**contratos de adhesión**», los cuales ponen en cuestión el principio de autonomía de la voluntad de las partes (art. 1255 del Código Civil español). Son aquellos en los que una de las partes, generalmente un gran proveedor de servicios, fija las cláusulas del contrato, y la otra parte se adhiere a las mismas sin tener ninguna posibilidad de modificarlas o de llevar a cabo algún tipo de negociación. Este tipo de contratación conlleva una relación muy asimétrica entre las partes y supone, en muchas ocasiones, la vulneración del derecho de los consumidores. Por otra parte, esta posición ventajosa en la contratación de los grandes proveedores ha vulnerado el derecho de la competencia, pues se obliga indirectamente al consumidor a elegir algún producto de la compañía en detrimento de otras ofertas existentes en el mercado.

---

49 En este sentido, podemos mencionar los contratos *Clickwrap*, que son aquellos que se perfeccionan con solo hacer clic en cualquier vínculo o casilla, y se les ubica entre los contratos de adhesión o por adhesión. Los términos y las condiciones de estos contratos no son negociables, y con ellos ocurre lo mismo que cuando se accede a una página web. Los contratos *Shrinkrap* son aquellos en los que los términos y las condiciones se anexan a programas de computadoras o *software* y que se distribuyen en forma física. Estos vienen impresos en la parte exterior de la caja o el sobre (paquete) que contiene el programa, y las más de las veces se establece que, al abrirse, se están aceptando las condiciones. El problema radica cuando el comprador ha pagado el programa (lo que casi siempre ocurre) antes de conocer las condiciones que se encuentran en la caja o sobre, y entonces surge la pregunta: ¿cuándo se considera perfeccionado el contrato?

50 Davara Fernández de Marcos, Elena; Davara Fernández de Marcos, Laura; Davara Rodríguez, Miguel Ángel (Coords.), *Manual de derecho Informático*, Aranzadi Thomson Reuters, 2020.

51 *Ibidem.*

ACTIVIDAD 2. CONTRATOS DE ADHESIÓN

Responde a las siguientes preguntas:

1. ¿Puedes poner ejemplos de contratos de adhesión relacionados con tecnologías de la información?
2. ¿Puedes señalar las ventajas y los inconvenientes de los contratos de adhesión en el ámbito TI?
3. En el supuesto que como usuario particular tuvieras un conflicto en el marco de un contrato de adhesión, ¿cómo tratarías de resolverlo?

Los **contratos de** *software* tienen como objeto la concesión de un derecho de uso de un programa o una aplicación a una persona física o jurídica a cambio de una remuneración económica. Igualmente, puede tratarse de la creación, el desarrollo y el mantenimiento de estos. En la contratación de *software*, además de las cuestiones relativas a la contratación, se debe atender a las normativas relativas a la propiedad intelectual. En el ámbito de la Unión Europea, se ha desarrollado la directiva sobre protección de los programas de ordenador,[52] que, en el caso español, ha sido traspuesta a la Ley de propiedad intelectual.[53] Por otra parte, cabe recordar que cuando un trabajador asalariado crea un programa de ordenador, en el ejercicio de las funciones que le han sido confiadas o siguiendo las instrucciones de su empresario, la titularidad de los derechos de explotación correspondientes al programa de ordenador así creado, tanto el programa fuente como el programa objeto, corresponden, exclusivamente, al empresario, salvo pacto en contra.[54]

A continuación, se analizan las principales tipologías de estos contratos.

- **Contrato de desarrollo de** *software*. Este contrato tiene como objeto que un programador informático o desarrollador realice el diseño, la estructuración y la codificación de un *software* a medida a cambio de un precio. En este tipo de contrato es muy importante establecer las especificaciones o funcionalidades que el cliente espera del programa. Por otra parte, debe incluir cuestiones como las actualizaciones, los errores, las validaciones del desarrollo y la entrega del programa informático.

  Cuando sea preciso llevar a cabo modificaciones o adaptaciones del *software*, será necesario realizar un nuevo contrato de desarrollo de *software*, a no ser que en el contrato inicial se hayan pactado actualizaciones o modificaciones específicas.

- **Contrato de licencia de uso de** *software*. Este contrato consiste en que el titular de los derechos de uso de un *software* (licenciante) autoriza a un tercero (licenciatario) a utilizarlos como usuario final a cambio de un precio. Frecuentemente, se trata de contratos de adhesión en los cuales el licenciatario debe aceptar las condiciones generales impuestas por el propietario del *software*. No obstante, en el ámbito empresarial, cuando se precisa una adaptación, se puede producir negociación de las condiciones. Por la propia naturaleza de este tipo de licencias, suelen ser no exclusivas e intransferibles, salvo pacto en conta.

  En este tipo de contratos se podrán pactar los usos o actividades que lleve a cabo el licenciatario: si la reproducción es total o parcial, si es para uso personal o empresarial, si puede traducirse, adaptarse o transformarse, si puede existir cualquier forma de distribución pública, etc. Por otra parte, el licenciatario va a aceptar que no instalarán el programa en más de una máquina por licencia y que no van a realizar ingeniería inversa (no disponer del código fuente) y no van a hacer modificaciones ni a distribuir copias del programa.

  Las licencias de uso pueden hacerse por un periodo de tiempo determinado, que puede ser renovable o no. Igualmente, se puede fijar un periodo ilimitado, sin que exista una fecha concreta en la que concluirá la licencia de uso. El ámbito geográfico es otra de las cuestiones que suelen incluir este tipo de contratos.

- **Contrato de cesión de** *software*. En este tipo de contrato, el titular del *software* cede o transmite a un tercero (cesionario) la titularidad de este a cambio de un precio. En este supuesto, se transmite la

---

52 Directiva 2009/24/CE, del Parlamento Europeo y del Consejo de 23 de abril de 2009, sobre la protección jurídica de programas de ordenador.
53 Real Decreto Legislativo 1/1996, de 12 de abril, por el que se aprueba el texto refundido de la Ley de propiedad intelectual, regularizando, aclarando y armonizando las disposiciones legales vigentes sobre la materia.
54 Art. 97.4 de la Ley de propiedad intelectual.

titularidad del *software*, negocio jurídico que podrá ser inscrito en el registro de la propiedad intelectual correspondiente.

- **Contrato de distribución de *software*.** En este contrato, el propietario de un *software* (licenciante) cede de forma exclusiva para un determinado territorio los derechos de explotación a un tercero (distribuidor). El licenciante recibe una contraprestación inicial por la cesión de los derechos de distribución, y una cantidad sobre cada una de las licencias de *software* vendidas por el distribuidor en el territorio asignado.
- **Contrato de mantenimiento de *software*.** Mediante este contrato, un desarrollador o un proveedor de *software* se comprometen a llevar a cabo todas las acciones que sean necesarias para garantizar el correcto funcionamiento del *software*. El contrato de mantenimiento no puede suponer una modificación del *software* sin que haya una autorización del titular de la licencia.

    En este tipo de contratos, además de las cuestiones generales (partes, precio, etc.), debe concretarse el contenido de la labor de mantenimiento. Por otra parte, es muy importante delimitar los servicios de soporte que se ofrecen con el contrato, así como la existencia de un servicio de atención urgente de averías o incidencias, las franjas y huso horarios, y el medio para obtener respuesta. De igual modo, los fallos que no se consideran incluidos en la asistencia.

    Estos contratos suelen contener cláusulas de confidencialidad, así como de garantía de los derechos de propiedad intelectual.
- ***Escrow*.** Contrato de garantía de acceso al código fuente de un programa que se ha depositado ante notario a los efectos de poder acudir a él en el supuesto de que la empresa titular de los derechos de autor desaparezca.

2. El *outsourcing* o externalización de funciones empresariales

El denominado *outsourcing* informático o SI/TI puede ser definido como la «cesión de la gestión de los sistemas de información de una entidad a un tercero, que, especializado en esta área, se integra en la toma de decisiones y en el desarrollo de las aplicaciones y actividades propias de la referida gestión, con la finalidad de la optimización de los resultados de esta, al tiempo que permite a la entidad el acceso a nuevas tecnologías y la utilización de recursos especializados de los que no dispone.»[55] A medida que se incrementa la diversidad y la complejidad de las tecnologías, muchas empresas recurren al *outsourcing* o tercerización parcial o total de los servicios de tecnologías de la información.[56]

En la última década, como establece el estudio de Weiss,[57] sobre estrategia de subcontratación y *outsourcing* de funciones empresariales, los servicios informáticos de desarrollo de *software*, páginas web y mantenimiento de redes y de equipos informáticos eran los que habían experimentado una mayor tendencia a la subcontratación. La mencionada autora destaca que la mayoría de esta externalización se produce sobre la base de contratos específicos de externalización, siendo menos frecuente las iniciativas conjuntas, o aquellos en los que la empresa cliente es dueña de parte de la externalizada.

En los procesos de externalización de TI/SI hay muchos aspectos que deben tenerse en cuenta y que deberán recogerse en el contrato:

- La confiabilidad del proveedor.
- El ajuste de las aplicaciones a los procesos.
- El coste.
- La forma en que se resolverán las actualizaciones.
- El acompañamiento al personal en la implementación.
- El control que tendrán las empresas sobre sus datos.
- Las condiciones del acuerdo de servicio contratado.

---

55 Davara, et al. *Op. cit.*
56 Jones, C.; Alderete, M. V., Ascenzi, L.D. (2021), p. 1.
57 Weiss, A. (2012). Incidencia del uso de las TIC en procesos de subcontratación y outsourcing. En J. C. Celis (coord.). La subcontratación laboral en América Latina: Miradas multidimensionales. (pp. 333-353).

- Aspectos relativos a la seguridad de la información.
- Cómo regular la dependencia del proveedor.
- Cómo adaptar el presupuesto disponible.
- Cómo crear valor conjuntamente.

En cuanto a otras **modalidades de contratación de servicios**, podemos destacar las siguientes:

- **El *offshoring*** (fuera de frontera) consiste en la subcontratación de algunos procesos de fabricación. Las zonas francas dominicanas y las zonas de procesamiento de exportación en China son un ejemplo de las actividades que definen esta forma de producción. Con el *offshoring* hablamos de que los bienes y servicios proceden de una filial de la propia empresa que se encuentra localizada en un país distinto al de la empresa original.
- **El *insourcing*** consiste en delegar todo el trabajo a los empleados directos de la organización; básicamente es lo contrario de la externalización. El propósito del *insourcing* es mantener el control en las operaciones y los procesos de la compañía, que deriva en reducir costos y tiempo de capacitación si estas tareas se asignan a terceros. También se evita lidiar con las diferencias culturales de los empleados cuando estos deben tener un trato directo con los clientes y, por ejemplo, el idioma supone una gran barrera de comunicación; permite a los empleados sentirse más integrados, ser leales y eficaces, por lo que reduce los niveles de rotación.
- **El *de-lawyering*** consiste en delegar el ejercicio profesional.
- **El *relocating*** hace referencia a la domiciliación del negocio en otro espacio o lugar diferente al del desarrollo de la actividad principal.
- **El *co-sourcing*** puede entenderse, por ejemplo, en el caso de las empresas que se dedican al comercio electrónico para las que la fórmula del *co-sourcing* consiste en que la empresa gestione y administre el *software* y las ventas directamente por sus departamentos, pero con el acompañamiento de personal de una entidad mercantil externa.
- **El *nearshoring*** es la estrategia de tener a los proveedores en un radio cercano y apunta a la lógica de «cuanto más cerca, mejor». El concepto de *nearshoring* incluye, además de la cercanía geográfica, una visión de socio de negocios con los proveedores, en la que comparten los objetivos de la empresa y se les hace partícipes como parte importante en el logro de estos.
- **El *home sourcing*** supone no contratar a empleados, sino contratar a autónomos, con lo que se produce un gran ahorro en los costes laborales.
- **El *open sourcing*** hace referencia a un *software open source*, o de código abierto en español, y es todo lo contrario de lo que hemos expuesto. El código fuente está incluido con la versión compilada, y la modificación o personalización de este código es algo que se ve con buenos ojos. Los desarrolladores de *software* que soportan el concepto de *open source* creen que, permitiendo a cualquiera que esté interesado modificar el código fuente, la aplicación será más útil y perfecta a la larga.
- **El *crowdsourcing*** (del inglés *crowd* «multitud» y *outsourcing* «recursos externos») se podría traducir al español como colaboración abierta distribuida o externalización abierta de tareas, y consiste en externalizar tareas que, tradicionalmente, realizaban empleados o contratistas, dejándolas a cargo de un grupo numeroso de personas o una comunidad, a través de una convocatoria abierta.

Tema 7. Delitos informáticos

El presente capítulo ha sido elaborado por Laura Casas Díaz

Hoy en día, las interrupciones digitales causadas por actividades cibernéticas maliciosas constituyen una de las principales amenazas no solo para las organizaciones, sino también para nuestra vida cotidiana. Por ello, la ciberseguridad es vital para la infraestructura digital de cualquier organización y, dado que la digitalización implica un mayor uso de datos y conectividad, la ciberseguridad no solo es una ventaja, sino también una debilidad durante el proceso de digitalización, especialmente en caso de falta de información, comprensión de los conceptos clave de seguridad y, sobre todo, falta de profesionales capacitados.

Atacar sistemas complejos de *hardware* y *software* nunca ha sido tan tentador para los delincuentes como en estos tiempos. Numerosos sistemas están interconectados y presentan vulnerabilidades debido a los procesos y componentes estrechamente entrelazados, y su complejidad crea una superficie de ataque mayor que nunca. Numerosos componentes heredados más antiguos, creados a veces hace décadas, cuando la seguridad no era una preocupación, ahora están expuestos a Internet.

Algunos ejemplos recientes ilustran esto, como el ataque a la red de satélites KA-SAT durante la guerra de Ucrania el 22 de marzo de 2022,[58] que interrumpió la conexión satelital a Internet de numerosos clientes en toda Europa, incluidos miles de aerogeneradores en Alemania, Luxemburgo y Bélgica. El ataque alcanzó a miles de módems DVB-S, dejando las turbinas en modo independiente durante más de un mes, y requirió el reemplazo de los módems para solucionar el problema. Las agencias de seguridad consideran este ataque a una infraestructura de telecomunicaciones europea crítica como el más grande desde el comienzo de la guerra de Ucrania.

Las infraestructuras médicas también son objeto de ataques graves, como el Hospital Corbeil Essonnes del sur de París durante la noche del 22 al 23 de agosto de 2022.[59] Se utilizó un *ransomware* para atacarlo y bloquear el *software* comercial, los sistemas de almacenamiento de imágenes médicas y el sistema de admisiones del hospital, dejándolo incapaz de garantizar el funcionamiento normal y, por lo tanto, imposible de acomodar para nuevos pacientes. Su departamento de emergencia tuvo que operar en modo degradado. Los atacantes solicitaron un rescate de diez millones de euros para desbloquear el sistema informático del hospital y no revelar datos confidenciales en la Dark Web.

Otro ejemplo desafortunado fue la intervención maliciosa en el oleoducto de combustible más grande del Estados Unidos en mayo de 2021, en que la clave del éxito fue romper una sola contraseña (08/05/2021).[60] El ataque afectó significativa y simultáneamente el sistema de transporte basado en combustibles fósiles y el sector energético.

La ciberseguridad es, por lo tanto, una preocupación clave para las infraestructuras críticas que sustentan nuestras sociedades. Estamos presenciando cada vez más ataques a los sistemas informáticos utilizados en la distribución de energía, la gestión del tráfico aéreo, la señalización ferroviaria, los sistemas de defensa de comando y control, las ciudades inteligentes y los automóviles conectados, entre otros dominios críticos. Estos sistemas son dispositivos complejos que incluyen muchos componentes heterogéneos de *hardware* y *software*, como dispositivos de Internet de las cosas (IoT) y equipos industriales (tecnología operativa), en que muchos de estos componentes son proporcionados por terceros a través de cadenas de suministro en todo

---

58 https://www.wired.com/story/viasat-internet-hack-ukraine-russia/
59 https://cybernews.com/news/french-hospital-ransomware-attack/
60 https://www.nytimes.com/2021/05/14/us/politics/pipeline-hack.html

el mundo. Además, operan a gran escala y se implementan tanto en centros de datos (utilizando infraestructuras de nube públicas y privadas) como en subsistemas de IoT (por ejemplo, medidores de energía, radares, equipos de estación, etc.).

Lograr un alto nivel de seguridad en estos sistemas complejos ha sido tradicionalmente un desafío, debido a la dificultad técnica para orquestar muchos componentes y para automatizar pruebas e interacciones con usuarios y otros sistemas. Este desafío es aún más difícil desde una perspectiva de seguridad. Los ciberataques modernos están evolucionando hacia amenazas persistentes avanzadas de ciberdelincuentes: estos atacantes realizan acciones cuidadosamente planificadas, sigilosas y dirigidas que se intensifican gradualmente en todo el sistema y que se extienden durante períodos de tiempo. Los ataques aprovechan la gran superficie de ataque al comprometer *hosts* y dispositivos para afianzarse en el sistema. Además, explotan cada vez más la cadena de suministro para introducir componentes de *hardware* y *software* dentro del sistema. Debido a estas evoluciones, los escenarios de ataque se vuelven más sofisticados e impredecibles, ya que pueden surgir acciones maliciosas desde el interior del sistema y tomar caminos complejos.

En general, un pirata informático suficientemente motivado, equipado y hábil puede superar fácilmente las medidas estándar de ciberseguridad, como la comunicación cifrada, los cortafuegos, los métodos avanzados de autenticación y autorización, incluidos los certificados digitales y actualizaciones de *software* sistemáticas. Esto se debe a **cuatro causas principales**:

1. La primera son las denominadas **vulnerabilidades de día cero** (es decir, hasta ahora desconocidas) que los atacantes pueden explotar desde el momento en que se descubren hasta el momento en que se reparan.
2. La segunda es que, **al querer reparar un ataque**, se puede romper la interoperabilidad con otro *software* que soporta una aplicación, impidiendo su instalación hasta el lanzamiento de una nueva versión de ese otro *software* que restablezca esta interoperabilidad. Dado que los elementos múltiples y dependientes en un *software* complejo generalmente son desarrollados de forma independiente por diferentes proveedores sin ningún acuerdo de sincronización de evolución ni incentivos, es posible que esta nueva versión nunca llegue. Esto obliga a que la aplicación se transfiera a un *software* alternativo, una tarea generalmente larga y costosa que, por lo tanto, a menudo se prolonga, dejando la vulnerabilidad sin parchear en su lugar durante un largo período.
3. La tercera razón es el **uso de *phishing*** y otros métodos de ingeniería social, que permiten a un atacante invadir un sistema sin conocer ninguna vulnerabilidad.
4. La cuarta razón son los ataques sigilosos de larga distancia que siguen un ciclo de vida de **amenaza persistente avanzada (APT)** de varios pasos, que, después de establecer un punto de apoyo en una red, generalmente a través de *phishing*, puede permanecer sin ser detectado durante semanas, meses o incluso años, si las únicas medidas de ciberseguridad implementadas son las que se consideran estándares.

1. La legislación europea en ciberdelincuencia

La UE es plenamente consciente de los posibles efectos de las amenazas a la ciberseguridad en la sociedad y en la vida cotidiana de los ciudadanos. Por ello, en los últimos años, la **Unión Europea (UE)** ha adoptado múltiples medidas con el fin de hacer frente a las principales ciberamenazas del territorio de la Unión, con un volumen de amenazas que no para de crecer y cuya naturaleza cada vez es más sofisticada. De ahí que la UE haya apostado por proveer a sus ciudadanos de una acción reforzada en materia de ciberseguridad, con el objetivo de consolidar un ciberespacio abierto y seguro.

En el ámbito europeo, se aprobó, en 2013, la **directiva 2013/40/UE** sobre ciberdelincuencia de la UE.[61] Esta directiva tiene como objetivo combatir la ciberdelincuencia y promover la seguridad de la información

---

61 Directiva 2013/40/UE del Parlamento Europeo y del Consejo, de 12 de agosto de 2013, relativa a los ataques contra los sistemas de información y por la que se sustituye la decisión marco 2005/222/JAI del Consejo, DOUE L 218 de 14.8.2013, pp. 8-14.

a través de leyes nacionales más estrictas, sanciones penales más severas y una mayor cooperación entre las autoridades pertinentes que la decisión marco anterior. Además, introduce nuevas normas que armonizan la penalización y las sanciones para una serie de infracciones dirigidas contra los sistemas de información. Estas reglas incluyen prohibir el uso de los llamados *botnets*, un *software* malicioso diseñado para tomar el control remoto de una red de ordenadores. También pide a los países de la UE que utilicen los mismos puntos de contacto utilizados por el Consejo de Europa y el G8 para reaccionar rápidamente ante las amenazas que involucran tecnología avanzada. Los principales tipos de delitos penales cubiertos por esta directiva son los ataques contra los sistemas de información, que van desde los ataques de denegación de servicio diseñados para derribar un servidor hasta la interceptación de datos y los ataques de *botnets*. Los estados miembros deberán prever que tales infracciones sean castigadas con sanciones penales efectivas, proporcionadas y disuasorias. Cuando un delito se cometa en el contexto de una organización criminal en el sentido de la directiva, y cause pérdidas sustanciales o afecte a intereses esenciales, se considerará una circunstancia agravante. Lo mismo se aplica si se comete un delito utilizando la identidad de otra persona y se causa daño a esta persona.

Además, en octubre de 2020, se propuso mejorar la capacidad de la UE en la protección de ciberamenazas, en el fomento de un entorno de comunicación seguro (dando una especial importancia a la criptografía cuántica) y, desde una perspectiva jurídica, favorecer el acceso a los datos a nivel judicial y policial. Lo anterior se tradujo, en diciembre de 2020, en la nueva estrategia de ciberseguridad de la UE, presentada por la Comisión Europea y el **Servicio Europeo de Acción Exterior (SEAE)**. Posteriormente, ya en 2021, el Consejo de la Unión Europea adoptó las conclusiones acerca de la estrategia de ciberseguridad de la UE con el objeto de construir una Europa «**resiliente, ecológica y digital**», concretándose en la redacción de dos propuestas legislativas para poder afrontar los riesgos actuales y futuros: una directiva actualizada para proteger mejor las redes y los sistemas de información, así como una nueva directiva sobre la resiliencia de las entidades críticas. Sin embargo, estas directivas aún son una propuesta.

El **arsenal legal** ya está establecido: las directivas NIS/NIS2, la ley de ciberseguridad de la UE, la estrategia de ciberseguridad para la década digital y el reglamento GDPR. Bajo la presión de los requisitos de certificación para productos de *hardware* y *software*, las industrias deben aumentar la seguridad de los productos a lo largo de su ciclo de vida.

El aumento de la digitalización mejora la fiabilidad de procesos del sistema relacionados con **infraestructuras críticas**. Una infraestructura crítica comprende sistemas y activos, ya sea físicos o virtuales, que son tan esenciales para una nación que cualquier interrupción de sus servicios podría tener un impacto grave sobre la seguridad nacional, el bienestar económico, la salud o la seguridad pública, o cualquier combinación de estos.[62] Ejemplos de tales infraestructuras críticas incluyen la red eléctrica, las redes de transporte o las redes de comunicación. Más allá de esto, la digitalización proporciona las condiciones necesarias para la cooperación de equipos críticos altamente automatizados, infraestructuras, lo que redundará en niveles de operación más eficientes. La eficiencia y fiabilidad de los componentes críticos de infraestructura que son esenciales para la seguridad de Europa dependen, en gran medida, del funcionamiento fiable de las infraestructuras digitales. Como resultado del desarrollo de los últimos años, podemos ver que la interconectividad de nuestros sistemas de infraestructura crítica está en constante aumento para alcanzar los objetivos antes mencionados. La Comisión Europea ha lanzado, también, programas, directivas e iniciativas, como el programa europeo para la protección de infraestructuras críticas (EPCIP),[63] la directiva sobre infraestructura crítica europea (ECI)[64] e incluso una red de información de alerta de infraestructuras críticas (CIWIN)[65] para mejorar la resiliencia de ECI. Debido a que muchas de estas infraestructuras críticas están experimentando una transformación digital y el aumento de los ataques cibernéticos, sus capacidades de ciberseguridad deben desarrollarse constantemente en términos de monitoreo de amenazas, detección de intrusos y mitigación/respuesta.

---

62 ALCARAZ, C., y ZEADALLY, S. (2015). Critical infrastructure protection: Requirements and challenges for the 21st century. International journal of critical infrastructure protection, 8, pp. 53-66.
63 https://eur-lex.europa.eu/LexUriServ/LexUriServ.do?uri=COM:2006:0786:FIN:EN:PDF
64 https://eur-lex.europa.eu/LexUriServ/LexUriServ.do?uri=OJ:L:2008:345:0075:0082:EN:PDF
65 https://home-affairs.ec.europa.eu/networks/critical-infrastructure-warning-information-network-ciwin_en

Las actividades antes mencionadas relacionadas con la protección de infraestructuras críticas europeas (CIP) están coordinadas a nivel nacional por equipos de respuesta a emergencias informáticas (CERT) y equipos de respuesta a incidentes de seguridad informática (CSIRT), que a menudo se centran en sectores específicos. En Europa, los CERT nacionales y sectoriales están coordinados por CERT-EU, con el objetivo de cooperar con los CERT nacionales y otros socios relevantes tanto en la UE como más allá para mejorar el nivel de intercambio de información y, por lo tanto, la resiliencia. Otras partes interesadas relevantes incluyen los centros de análisis e intercambio de información (ISAC), que proporcionan un recurso central para recopilar información sobre amenazas cibernéticas y permiten el intercambio de información bidireccional entre el sector público y el privado sobre incidentes y amenazas, así como el intercambio de experiencias, conocimientos y análisis de información.

Tal y como se ha mencionado, hoy en día la UE cuenta con un reglamento de ciberseguridad que entró en vigor en 2019 e introdujo dos novedades en el marco normativo de la ciberseguridad: **un sistema de certificación para toda la UE** y un nuevo mandato reforzado para la **Agencia de la UE de ciberseguridad** (más conocida como ENISA, acrónimo de su predecesora, la Agencia de Seguridad de las Redes y de la Información de la UE).

La certificación de ciberseguridad de la Unión Europea (EUCC) es un programa basado en requisitos técnicos de ciberseguridad, estándares y procedimientos de evaluación, para la certificación de productos, servicios o procesos TIC en Europa. La EUCC amplía los métodos probados utilizados en Common Criteria (CC)[66] y los estándares correspondientes, respectivamente, ISO/IEC 15408 e ISO/IEC 18045, con conceptos adicionales para proporcionar una solución moderna y flexible para la certificación de seguridad. Sin embargo, la certificación de seguridad TIC requiere soluciones avanzadas que permitan evaluar, probar y examinar el perfil de seguridad de los sistemas, si es posible de forma automatizada.

Existen varios **niveles de certificación** dependiendo de la criticidad de la aplicación. Los niveles superiores (desde EAL5 hasta EAL7) requieren el uso de métodos formales en varias etapas del proceso de modelado y/o verificación. Dentro del programa EU H2020, el proyecto VESSEDIA[67] creó y finalizó el estándar ISO 23643[68] sobre *software* e ingeniería de sistemas, capacidades de seguridad de *software* y herramientas de verificación de seguridad, que clasifica las herramientas existentes que admiten métodos formales y sirve como guía para permitir que las industrias determinen y utilicen la herramienta adecuada para su aplicación.

Sin embargo, la UE tiene aún retos que superar en el ámbito de la ciberseguridad. Por ejemplo, un cuello de botella importante para ampliar tales técnicas de verificación es la complejidad de los sistemas. Esta complejidad está relacionada con varios factores, como el tamaño de los componentes y la forma en que están estructurados e interconectados, la complejidad del diseño y los lenguajes de programación utilizados, que permiten construcciones muy abstractas, pero a la vez concisas, etc. La complejidad es un obstáculo cuando los desarrolladores deben verificar y validar su sistema, ya que puede provocar una superación de la memoria o del tiempo de ejecución disponible, especialmente cuando se analizan las bibliotecas.

2. Incitación al odio en la red

2.1. Delito de incitación al odio (art. 510 CP)

La comunicación violenta y de odio no es un fenómeno únicamente endógeno de Internet, como tampoco es una cuestión nueva ni desconocida. Para el derecho penal, la relación existente entre la comunicación verbal y la posterior violencia física entre personas siempre ha sido un aspecto por estudiar. La violencia verbal, llevada a un nuevo nivel, nos permite hablar del **discurso del odio**.

---

66 Los métodos comunes para el desarrollo de *software* seguro incluyen: capacitación de los empleados, utilizando las últimas versiones de herramientas, con el uso de una infraestructura de prueba y revisión de código, herramientas de control de versiones de código y controles automáticos en la calidad del código fuente antes de terminar un proyecto. Dichas comprobaciones incluyen advertencias del compilador y herramientas de análisis de código estático y *copyright*. Estas herramientas se pueden manejar de manera eficiente y, por lo tanto, proporcionan una barrera sólida contra la introducción de vulnerabilidades de código.

67 https://vessedia.eu/

68 https://www.iso.org/standard/76517.html

En el ámbito europeo, la **recomendación 15 de la Comisión Europea contra el racismo y la intolerancia (ECRI) del Consejo de Europa del año 2015** definió el discurso de odio de esta forma:

«[…] fomento, promoción o instigación […] del odio, la humillación o el menosprecio de una persona o grupo de personas, así como el acoso, descrédito, difusión de estereotipos negativos, estigmatización o amenaza con respecto a dicha persona o grupo de personas y la justificación de esas manifestaciones por razones de raza, color, ascendencia, origen nacional o étnico, edad, discapacidad, lengua, religión o creencias, sexo, género, identidad de género, orientación sexual y otras características o condición personales».

Pese a que los objetivos de estos discursos suelen ir dirigidos a grupos minoritarios y/o vulnerables, estos son distintos atendiendo al contexto histórico y geográfico. En el contexto europeo, la recomendación 15 de la ECRI recogió gran parte de estos grupos, destacando la discriminación por razón de sexo (**sexismo**), el rechazo a las personas sin hogar (**aporofobia**), la **LGTBifobia** y el **racismo** o el rechazo a diferentes etnias tales como el **antisemitismo**, el **antigitanismo** o la **islamofobia** (o, en general, **la xenofobia**) e incluso los **refugiados o personas solicitantes de asilo**. Aunque la consideración general a nivel supranacional acerca de la necesidad de proceder a sancionar los casos más graves de estos discursos de odio, como suele ocurrir con otras figuras penales, **no todo discurso de odio constituye un ilícito penal**. En este sentido, nos centraremos, como matiz diferenciador, en aquellos **discursos de odio que inciten a la violencia, a la intimidación, a la hostilidad o a la discriminación**.

La sociedad de la información y la omnipresencia de Internet han fomentado el traslado de conductas como las tendentes al odio a las redes sociales, sirviendo las mismas como un vehículo idóneo para la propagación de mensajes e ideas entre grupos. Esto ha significado, principalmente, un aumento exponencial del público objetivo de los mensajes vertidos en redes sociales tales como Facebook, Twitter, TikTok e Instagram. Siguiendo los datos del Reuters Institute Digital News Report para el año 2019, un 16% de la población española utilizaba Twitter, con un volumen diario de más de quinientos millones de *tweets* a nivel mundial. Ello supone que gran parte de la construcción de opinión social pueda derivar del contenido de las redes sociales.

Algunos autores han planteado la existencia cada vez mayor de una correlación entre el aumento de los discursos de odio en línea y los crímenes de odio que se han cometido en determinadas zonas, de tal forma que, en el año 2020, según datos de la **Organization for Security and Cooperation in Europe (OSCE)**, se apuntó un paulatino crecimiento de la incidencia de esta tipología delictiva a lo largo de los últimos años.

La preocupación social del legislador ante la potencial amenaza que los nuevos portales de información e intercambio de opiniones supone para la colectividad conllevó la intervención de la Fiscalía General del estado y la inclusión de un nuevo ilícito en la reforma que sobre el Código Penal operó la Ley Orgánica 1/2015 de 30 de marzo, por la que se modifica la Ley Orgánica 10/1995, de 23 de noviembre, del Código Penal. Hablamos del **delito de incitación al odio del artículo 510 CP**.

En este sentido, la norma penal reputa (y pena con prisión de uno a cuatro años y multa de seis a doce meses) como delito de incitación al odio tres bloques de conductas distintas:

1. **Fomentar, promover o incitar directa o indirectamente al odio, hostilidad, discriminación o violencia contra un grupo**, una parte de este o contra una persona determinada por razón de su pertenencia a aquel, **por motivos racistas, antisemitas u otros referentes a la ideología, religión o creencias, situación familiar, la pertenencia de sus miembros a una etnia, raza o nación, su origen nacional, su sexo, orientación o identidad sexual, por razones de género, enfermedad o discapacidad**. Todo ello de forma pública.
2. **Producir, elaborar, poseer con la finalidad de distribuir, facilitar a terceras personas el acceso, distribuir, difundir o vender escritos o cualquier otra clase de material o soportes que, por su contenido, sean idóneos para fomentar, promover o incitar directa o indirectamente al odio, hostilidad, discriminación o violencia contra un grupo**, una parte del mismo, o contra una persona

determinada por razón de su pertenencia a aquel, por motivos racistas, antisemitas u otros referentes a la ideología, religión o creencias, situación familiar, la pertenencia de sus miembros a una etnia, raza o nación, su origen nacional, su sexo, orientación o identidad sexual, por razones de género, enfermedad o discapacidad.

3. Finalmente, el Código Penal castiga a aquellos que **públicamente nieguen, trivialicen gravemente o enaltezcan los delitos de genocidio, de lesa humanidad o contra las personas y bienes protegidos en caso de conflicto armado, o enaltezcan a sus autores, cuando se hubieran cometido contra un grupo o una parte del mismo**, o contra una persona determinada por razón de su pertenencia al mismo, por motivos racistas, antisemitas u otros referentes a la ideología, religión o creencias, la situación familiar o la pertenencia de sus miembros a una etnia, raza o nación, su origen nacional, su sexo, orientación o identidad sexual, por razones de género, enfermedad o discapacidad, cuando de este modo se promueva o favorezca un clima de violencia, hostilidad, odio o discriminación contra los mismos.

Con la misma pena se castiga **promover o favorecer un clima de violencia, hostilidad, odio o discriminación contra los mencionados grupos**. Cuando los hechos, a la vista de sus circunstancias, **resulten idóneos para alterar la paz pública o crear un grave sentimiento de inseguridad o temor entre los integrantes del grupo**, se impondrá la pena en su mitad superior, que podrá elevarse hasta la superior en grado. En todos los casos, se impondrá, además, **la pena de inhabilitación especial** para profesión u oficio educativos, en el ámbito docente, deportivo y de tiempo libre.

También dispone el Código Penal un tipo atenuado para aquellos que:

— **lesionen la dignidad de las personas mediante acciones que entrañen humillación, menosprecio o descrédito de alguno de los grupos a que se refiere el apartado anterior, o de una parte de estos, o de cualquier persona determinada por las razones descritas**,
— y para aquellos que **enaltezcan o justifiquen por cualquier medio de expresión pública o de difusión los delitos** que hubieran sido cometidos con los fines anteriores.

Uno de los elementos característicos de la sanción de este tipo de delitos es que, una vez se determine que efectivamente se ha consumado un delito de incitación al odio, el juez o tribunal acordará la destrucción, el borrado o la inutilización de los libros, archivos, documentos, artículos y cualquier clase de soporte objeto del delito a que se refieren los apartados anteriores o por medio de los cuales se hubiera cometido. En correlación con lo anterior, cuando el delito se hubiera cometido a través de tecnologías de la información y la comunicación, se acordará la retirada de los contenidos. Para el caso que nos ocupa, por lo que refiere a los delitos que hayan sido cometidos prevaleciéndose de un portal de acceso a Internet o servicio de la sociedad de la información, la autoridad judicial ordenará el bloqueo del acceso o la interrupción de la prestación de este.

En 2018 la Sala de lo Penal del Tribunal Supremo condenó a dos años y medio de cárcel a un usuario de Twitter que, según el Alto Tribunal, cometió un delito de incitación al odio contra las mujeres. Entre los *tweets* que podían leerse se recupera el siguiente:

> «2015 finalizará con 56 asesinadas, no es una buena marca, pero se hizo lo que se pudo, a ver si en 2016 doblamos esa cifra, gracias»

El autor también compartió una imagen de una mujer con el epígrafe «Ya la he maltratado, tú eres la siguiente». En este caso, tanto el Tribunal Supremo como el Ministerio Fiscal entendieron que **concurría la agravante del art. 510.3 del CP**, porque el autor se sirvió de Internet como medio para difundirlo, otorgándole una especial gravedad a causa del elevado número de personas que constituyeron el público objetivo del mensaje.

El uso de Internet y, en especial, de las redes sociales, como vía para publicitar mensajes como el anterior y propiciar vínculos con usuarios que compartan ideas semejantes, imprime una mayor gravedad a la comisión de los delitos de incitación al odio. Este punto nos lleva a destacar que las páginas web que albergan estos comentarios podrían llegar a verse salpicadas de responsabilidad si no atienden al contenido de los ilícitos (como ocurre con los delitos de injurias y calumnias). En este sentido, con el objeto de depurar responsabilidades y prevenir la comisión de este tipo de ilícitos, redes sociales como Twitter (en cuya sede se registra gran parte del volumen de ilícitos perseguidos) cuentan con políticas relativas a las conductas de incitación al odio. Por ejemplo, si se accede a Twitter observamos que el portal dispone de un documento en el que se define lo que se entiende como conducta de incitación al odio (que se concreta en amenazas violentas, referencias a genocidios, incitar violencia contra categorías protegidas, calumnias, epítetos, tropos racistas o sexistas o contenido degradante e imágenes de incitación al odio) y apela a una «política de tolerancia cero» contra estas actitudes, manifestando que:

> «La misión de Twitter es proporcionar a todos los usuarios la capacidad de crear y compartir ideas e información, y expresar sus opiniones y creencias, sin ningún tipo de obstáculos [...] reconocemos que, si las personas experimentan abusos en Twitter, esto puede poner en riesgo su capacidad para expresarse. Las investigaciones demuestran que algunos grupos de personas son objeto desproporcionado de abuso en línea. Esto incluye a mujeres, personas de color, lesbianas, homosexuales, bisexuales, personas transgénero, *queer*, intersexuales, asexuales y comunidades marginadas e históricamente subrepresentadas. [...] si ves contenido en Twitter que creas que incumple nuestra política relativa a las conductas de incitación al odio, denúncialo».

Con el fin de facilitar la tarea del juzgador ante este tipo de conductas cometidas en la red (o fuera de ella), la Fiscalía General del estado publicó, en el año 2019, la **circular 7/2019 sobre pautas pata interpretar los delitos de odio**. Por lo que a la aplicación en redes interesa, la circular opta por no sancionar opiniones o ideas, sino las manifestaciones que sean discursos de odio y que se dirijan a un grupo concreto que **en ningún caso pueden quedar amparadas por la libertad de expresión del artículo 20.1 de la Constitución española**.

2.2. Delito de enaltecimiento del terrorismo (art. 578 CP)

Antes de concluir este epígrafe, es necesario destacar las características principales de un delito inescindible al anterior. El artículo 578 del Código Penal recoge un delito autónomo al de incitación al odio del 510 que castiga el enaltecimiento o la justificación pública de los delitos de terrorismo que prevé la norma penal, así como el enaltecimiento o la justificación de quienes hayan participado en su ejecución, o la realización de actos que entrañen descrédito, menosprecio o humillación de las víctimas de los delitos terroristas o de sus familiares. La pena para estos casos es de prisión de uno a tres años y multa de doce a dieciocho meses.

Como puede verse, los elementos del tipo se incardinan en una lógica análoga a la del delito de incitación al odio. Nuevamente, para estos casos se prevé la destrucción, el borrado o la inutilización de los libros, archivos, documentos, artículos o cualquier otro soporte por medio del que se hubiera cometido el delito, y también, cuando los mismos sean consumados a través de Internet, la retirada de los contenidos.

3. Límites del derecho de información. Delitos de revelación y descubrimiento de secretos

La revelación y el descubrimiento de secretos tienen lugar en el instante en que alguien, sin el previo consentimiento de la persona afectada, efectúa una difusión de una información de esta, la víctima. No se trata de una tipología delictiva nueva; sin embargo, la extensión de este tipo de delitos al ámbito de la red hace preciso su especial mención en este apartado. Véase el **artículo 197 del CP**, por el que, siendo este el tipo básico, pueden detectarse los elementos antes definidos: la revelación no consentida de secretos a terceros, la grabación y difusión de material audiovisual (ya sea este en soporte de vídeo o audio) y podríamos circunscribir, también, la vulneración del secreto profesional por parte de los profesionales que se hallen obligados a su guarda. La pena es de uno a cuatro años de privación de libertad y multa. Sin embargo, el artículo que es de especial detalle es el **197.2 CP**:

> «Las mismas penas se impondrán **al que, sin estar autorizado, se apodere, utilice o modifique, en perjuicio de tercero, datos reservados de carácter personal o familiar de otro que se hallen registrados en ficheros o soportes informáticos, electrónicos o telemáticos, o en cualquier otro tipo de archivo o registro público o privado**. Iguales penas se impondrán a **quien, sin estar autorizado, acceda por cualquier medio a los mismos y a quien los altere o utilice en perjuicio del titular de los datos o de un tercero**»

En este punto, el artículo incluye una apreciación y es que protege los **datos reservados de carácter personal y familiar**, que, en otras palabras, son aquellos que afectan a la esfera personal de la persona y que, en consecuencia, requieren de protección.

A su vez, el Código Penal prevé una pena distinta para aquellos que incurrieran en estas conductas y que se hallaran desarrollando labores encargadas de gestionar dichos datos o que fueran responsables de dichos ficheros o soportes informáticos (**art. 197.5 CP**).

ACTIVIDAD 1. ACCESO AL TELÉFONO MÓVIL DE LA PAREJA
Elige la opción correcta y razona la respuesta.
¿Puedo acceder al teléfono móvil y, por lo tanto, a toda la información del dispositivo de mi pareja?   a. Se puede acceder, aunque no exista consentimiento, pues en la relación de pareja se sobreentiende el mismo tácitamente; por lo tanto, esta conducta no estaría tipificada como delito.   b. Se puede acceder, haya o no consentimiento, lo que no se puede hacer es difusión, revelación o cesión sin autorización a un tercero, ya que constituiría delito.   c. Al carecerse de un ánimo lucrativo, aunque no exista consentimiento, nunca podría ser delito.   d. No se puede acceder sin consentimiento, aunque se produce en el seno de la pareja, se consideraría delito contra la intimidad.

Sexting y sextorsión

El desarrollo de las redes sociales ha supuesto que, por medio de estas, se transfieran imágenes sensibles y pertenecientes al ya denominado espacio reservado de carácter personal. En este punto, la práctica de conductas de carácter sexual mediante los dispositivos electrónicos (*sexting*) ha favorecido el crecimiento de un nuevo tipo de delitos, como la denominada *sextorsión*, consistente en amedrentar y/o coaccionar a la persona que ha ofrecido las imágenes mediante la amenaza de proceder a su publicación. Para estos casos, el Código Penal, en su **artículo 197.3**, prevé una pena de prisión de uno a cinco años para aquellos que difundieran, revelaran o cedieran a terceros dichas imágenes o datos.

Para estos supuestos, así como en los descritos anteriormente, para su perseguibilidad se requiere la denuncia de la persona agraviada o su representante legal, salvo en aquellos casos en que la afectación del delito se extendiera a una pluralidad de personas afectadas o cuando la víctima fuera un menor de edad (**art. 201 CP**). También hay que destacar que el perdón del ofendido sirve para proceder a extinguir la acción penal.

La difusión no consentida de imágenes privadas

La difusión no consentida de imágenes privadas, el mal llamado «*Revenge porn*», consiste en la publicación de contenidos, generalmente imágenes sexuales explícitas o sugerentes, sin el consentimiento de la persona que aparece en las mismas. El artículo 197.7 del CP, que fue modificado por la disposición final 4.17 de la Ley Orgánica 10/2022, de 6 de septiembre, tipifica diversas conductas relacionadas con esta difusión no consentida.

El artículo 197.7 CP establece que será castigado con una pena de prisión de tres meses a un año o multa de seis a doce meses quien, **sin autorización de la persona afectada**, difunda, revele o ceda a terceros imágenes o grabaciones audiovisuales de aquella que hubiera obtenido **con su anuencia** en un domicilio o en cualquier otro lugar fuera del alcance de la mirada de terceros, cuando la divulgación menoscabe gravemente la intimidad personal de esa persona. En consecuencia, se trata de imágenes o grabaciones obtenidas en su momento con pleno consentimiento de la persona afectada, pero sin autorización para que se difundiesen a terceros.

Una importante novedad que introduce la Ley Orgánica 10/2022 es que se impondrá la pena de multa de uno a tres meses a quien, habiendo recibido las imágenes o grabaciones audiovisuales a las que se refiere el párrafo anterior, las difunda, revele o ceda a terceros sin el consentimiento de la persona afectada. Por lo tanto, la práctica frecuente de reenviar vídeos de contenidos sexual en redes sociales puede llegar a constituir la conducta tipificada en el 197.7 si concurren los elementos señalados.

Por último, se impondrá en su mitad superior la pena cuando los hechos hubieran sido cometidos por el cónyuge o por la persona que esté o haya estado unida a él por análoga relación de afectividad, aun sin convivencia, la víctima fuera menor de edad o una persona con discapacidad necesitada de especial protección, o los hechos se hubieran cometido con una finalidad lucrativa.

ACTIVIDAD 2. DIFUSIÓN A TRAVÉS DE WHATTSAPP DE IMÁGENES ÍNTIMAS
El 25 de septiembre de 2022 se produjo el suicidio de una mujer después de que se difundiera sin su autorización entre sus compañeros de trabajo un vídeo de carácter sexual, grabado hacía cinco años por su expareja. El vídeo en su momento fue grabado con el consentimiento de la mujer, V., que era empleada en una planta de la industria de automoción. No obstante, el vídeo debía mantenerse en la más estricta intimidad, y por supuesto, no difundirse de ningún modo. El exnovio lo envió a su grupo de amigos íntimos a través de WhatsApp, y a partir de ahí se hizo viral.
El suicidio se produjo después de que se difundiera el vídeo a través de mensajes privados y grupos de WhatsApp por los compañeros de la mujer. Al parecer, V. temía que los vídeos llegasen a conocimiento de su actual marido, a pesar de que los hechos grabados tuvieron lugar antes de su relación. Sin embargo, finalmente el marido tuvo acceso a los vídeos, lo cual ocasionó el fatal desenlace.
El supuesto está inspirado en un caso real que sucedió hace dos años, podéis acceder a la noticia de este para contextualizar mejor la situación:
https://www.elmundo.es/madrid/2019/05/28/5ced493efdddffb0758b48fb.html

> – ¿Qué delito podría haber cometido supuestamente la expareja de V. al difundir el vídeo?
> – ¿Los compañeros que difundieron el vídeo a través de mensajes privados y grupos de WhatsApp cometieron algún delito? Razona la respuesta.
> – ¿Si el vídeo apareciese en alguna web de contenido sexual o pornográfico conllevaría alguna responsabilidad por parte de los titulares de esta web?

4. Delitos de daño y fraude informáticos

4.1 Delito de daños informáticos (art. 264 CP)

A comienzos de 2022 una noticia llenó diarios y páginas web: el 21 de enero, la operadora de telecomunicaciones del principado de Andorra, Andorra Telecom, informaba a través de Twitter de un nuevo caso de ataque DDos que estaba afectando al servicio de parte de sus clientes del Principado. En este caso, el ataque coincidió con la celebración de un torneo en la plataforma Twitch y que emulaba la mediática serie *Squid Game* (*Juego del Calamar*, en España). En este torneo centenares de *streamers* debían afrontar una serie de pruebas para hacerse con un premio de cien mil euros (algunos de los participantes son muy conocidos en la comunidad por su trayectoria previa en YouTube tales como elRubius, Auronplay o TheGrefg). Poco antes de que Andorra Telecom informara de la incidencia, en la retransmisión del torneo, sin que se conociera el motivo, algunos de los *streamers* dejaron de retransmitir debido al ataque. Lo mismo ocurriría al día siguiente. La gravedad del ataque a Andorra Telecom estribó en el hecho de que dicha sociedad pública es el único proveedor de Internet de todo el Principado de Andorra. Sin que se conozca más sobre los hechos, Andorra Telecom sí que advirtió que los daños provenían de un ataque DDos.

Este tipo de ataques consisten en sobrecargar los servidores objetivo con el fin de saturarlos e impedir su buen funcionamiento, siendo habitual que su ejecución se lleve a cabo mediante el uso de distintos puntos de la red, enviando de forma simultánea una ingente cantidad de solicitudes. El resultado es que los recursos del servidor en cuestión devienen insuficientes y este termina por colapsar.

El caso andorrano y la afectación que el ataque DDos supuso a la provisión de Internet en todo el Principado permiten introducir un nuevo tipo delictivo: **el delito de daños informáticos del artículo 264 del Código Penal**.

El delito de daños informáticos (incluido en el capítulo relativo a los delitos de daños) se consuma cuando, por cualquier medio, sin autorización y de manera grave, el autor borre, dañe, deteriore, altere, suprima o haga inaccesibles datos informáticos, programas informáticos o documentos electrónicos ajenos, teniendo como consecuencia un resultado considerado como grave. La pena prevista es de privación de libertad de seis meses a tres años. Se prevé, además, un tipo agravado para aquellos casos en los que concurran algunas de las siguientes circunstancias:

1. Cuando el delito sea cometido en el marco de una organización criminal.
2. Cuando la comisión delictiva haya ocasionado daños de especial gravedad o afectado a un elevado número de sistemas informáticos.
3. Cuando el hecho hubiera perjudicado gravemente el funcionamiento de servicios públicos esenciales o la provisión de bienes de primera necesidad.
4. Cuando bien afecte al sistema informático de una infraestructura crítica (entendida esta como un elemento o sistema que sea esencial para el mantenimiento de funciones esenciales de la sociedad, tales como sanidad o seguridad cuya destrucción tendría un impacto muy significativo) o bien que hubiera creado una situación de peligro grave para la seguridad del estado, de la UE o de un estado miembro de la UE.

Como se puede inferir de la regulación penal, esta tipología delictiva permite que en ella sea subsumida una pluralidad de hechos. De todos ellos, una de las acciones más peligrosas se encuentra en el acceso no consentido a los sistemas informáticos con el fin de ejecutar un virus que produzca alguno de los daños tipificados. Es preciso recordar que los comúnmente denominados virus (*malware*) son programas maliciosos susceptibles de infectar cualquier soporte (*smartphone*, tableta, ordenador) y producir daños tales como los siguientes:

1. **Robo de datos**: estos pueden ser personales, financieros o de cualquier índole. Se detalla más este aspecto en el apartado relativo al delito de *phishing*.
2. **Cifrar y/o borrar información**: algunas de estas amenazas están programadas con el objeto de reca-

bar información personal de cualquier índole del soporte afectado y/o eliminarla. La gravedad radica en la dificultad de recuperación de dicha información o bien de la eliminación de esta de portales a los que no se ha autorizado su publicidad por parte de la víctima.

3. **Suplantación de identidad**, tanto en la vida digital como en la física.

Podemos afirmar que, para que se entienda como cometido este delito, es decir, para que el envío o la implementación de un virus sea una conducta delictiva, es necesario que el autor lleve a cabo la conducta con dolo, esto es, la voluntad de causar el daño. Se exige, también, que la conducta se produzca de forma grave y que el resultado sea también grave, pese a que la norma penal en ningún momento concreta los criterios para medir la gravedad. Esta cuestión podría llegar a suponer problemas a la hora de delimitar los ataques categorizables como meramente molestos de aquellos que sí merecen reproche penal dada su gravedad.

Con el fin de superar algunos de los problemas que presentaba la regulación anterior a 2015 (y anticipando algunas cuestiones), con la reforma de referencia se crearon tres nuevos artículos: los **artículos 264 bis, 264 ter y 264 quater**. Esta nueva configuración de los daños informáticos por parte del legislador ha supuesto una ampliación del objeto sobre el que recae la conducta (pudiendo ser datos, programas informáticos o documentos electrónicos e incluso los sistemas informáticos), y ha permitido una escisión de las conductas que afectan a los datos de aquellas que inciden en los sistemas y, en último lugar, ha permitido que el delito de daños informáticos se aleje jurídicamente del delito de daños en la cosa material, rompiendo su condición de modalidad dependiente. Hoy en día, lo que realmente debe atender el legislador es el **daño funcional** que puede computarse mediante el valor en sí de los datos, su utilidad y el reflejo de tal perdida en la utilización del titular de los datos. Todo ello queda evidenciado en estas nuevas categorías del ilícito:

a) En primer lugar, el **art. 264 bis** atiende y castiga los supuestos en que el autor, por cualquier medio, sin estar autorizado y de manera grave, obstaculice o interrumpa el funcionamiento de un sistema informático ajeno (realizando con tal fin alguna de las conductas a las que refiere el tipo básico del art. 264) introduciendo o transmitiendo datos o destruyendo, dañando, inutilizando, eliminando o sustituyendo un sistema informático, telemático o de almacenamiento de información electrónica. Para estos casos se prevé una pena de prisión de seis meses a tres años.

b) En segundo lugar, **el art. 264 ter** viene a castigar con las penas de prisión (de seis meses a dos años) o multa (de tres a dieciocho meses) a aquellos que, sin estar debidamente autorizados, produzcan, adquieran para su uso, importen o, de cualquier modo, faciliten a terceros con el objetivo de perpetrar un delito informático:

a. Un programa informático, concebido o adaptado principalmente para cometer alguno de los delitos informáticos que el Código Penal describe con anterioridad.

b. Una contraseña de ordenador, un código de acceso o datos similares que permitan acceder a la totalidad o a parte de un sistema de información.

c) En último lugar, el **art. 264 quater** fija una importante novedad regulando la responsabilidad de las personas jurídicas que cometan las acciones descritas.

ACTIVIDAD 3. *RANSOMWARE*

Una universidad de gran tamaño fue atacada por un *malware* conocido como PYSA (siglas correspondientes a *Protect Your System Amigo*). El resultado del ataque fue la encriptación de varios miles de archivos de usuarios y una buena parte de los archivos de los servidores, lo que provocó la caída de gran parte del sistema informático.

Ante este tipo de ataques, lo que hizo dicha universidad, como debe ser, fue no contactar y no acceder a las peticiones de los atacantes. Los pasos habituales en estas situaciones son el aislamiento de la red, el análisis de la situación, la identificación del origen, el alcance y la diseminación del virus (https://www.gcstechnologies.com/what-you-should-do-when-ransomware-attacks). A partir de este punto, hay que poner el ataque en conocimiento de las autoridades de protección de datos, así como presentar denuncia ante los cuerpos de seguridad del estado, con el fin de que ellos realicen el análisis forense para llevar a cabo sus investigaciones.

Llegados a este punto, la universidad debe restaurar sistemas y servicios, así como copias de seguridad. Como señala la web especializada en virus Antimalware.es, el virus PYSA, como muchas familias de *ransomware* conocidas, se clasifica como una herramienta de *ransomware* como servicio (RaaS). Esto significa que sus desarrolladores han alquilado este *ransomware* listo para usar a organizaciones criminales, que pueden no ser lo suficientemente hábiles técnicamente para producir el suyo propio. Los clientes de PYSA pueden personalizarlo en función de las opciones proporcionadas por los grupos RaaS e implementarlo a su gusto. PYSA es capaz de extraer datos de sus víctimas antes de cifrar los archivos que se van a rescatar.

Según Intel 471, una empresa de inteligencia de amenazas, PYSA/Mespinoza es un operador de RaaS de nivel 2, ya que ha ido ganando reputación en el mundo subterráneo. Los operadores o equipos que hacen esto tienen una página, llamada «lista de filtraciones», en la que nombran y avergüenzan a las víctimas que deciden no pagar el rescate. Las víctimas se enumeran con un archivo adjunto que contiene archivos que los actores de la amenaza extrajeron de ellos.

El *ransomware* PYSA tiene al menos tres vectores de infección conocidos: ataques de fuerza bruta contra consolas de administración y cuentas de Active Directory (AD), correos electrónicos de *phishing* y conexiones no autorizadas de protocolo de escritorio remoto (RDP) a controladores de dominio. Una vez dentro de una red, los actores de amenazas se toman su tiempo para escanear archivos usando Advanced Port Scanner y Advanced IP Scanner; ambos son *softwares* gratuitos y se mueven lateralmente dentro de la red usando PsExec.

Luego, los actores de amenazas ejecutan manualmente el *ransomware* dentro de la red después de filtrar todos los datos que necesitan para aprovechar. Los archivos se cifran mediante AES implementado con claves cifradas RSA.

(Fuente: PYSA, el *ransomware* que ataca las escuelas. Disponible en: https://malwarebytes.antimalwares.es/pysa-el-ransomware-que-ataca-a-las-escuelas.

- ¿Qué delito o delitos creéis que han cometido los cibercriminales que han atacado a la universidad?
- ¿Los desarrolladores que alquilan el *ransomware* tendrían algún tipo de responsabilidad penal?
- En el supuesto de que se demostrase que la universidad no protegió debidamente los datos y los sistemas, ¿podría esta tener algún tipo de responsabilidad penal?

4.2 Delito de fraude informático (art. 248.2 CP)

Si nos desplazamos al capítulo VI del Código Penal (de las defraudaciones), dentro de la sección 1ª, dedicada a las estafas, encontramos el delito de fraude informático (art. 248.2):

«2. También se consideran reos de estafa:
    a) Los que, con ánimo de lucro y valiéndose de alguna manipulación informática o artificio semejante, consigan una transferencia no consentida de cualquier activo patrimonial en perjuicio de otro.

b) Los que fabricaren, introdujeren, poseyeren o facilitaren programas informáticos específicamente destinados a la comisión de las estafas previstas en este artículo.

c) Los que, utilizando tarjetas de crédito o débito, o cheques de viaje, o los datos obrantes en cualquiera de ellos, realicen operaciones de cualquier clase en perjuicio de su titular o de un tercero.»

De esta forma, **el delito de fraude informático** viene a castigar penalmente a **quienes se valgan de alguna manipulación informática (o artificio semejante) y logren una (o múltiples) transferencia no consentida de activos patrimoniales de la víctima, con el evidente ánimo de lucro y el inherente menoscabo económico de la víctima.** Los requisitos para que concurra el tipo son los ya descritos: el ánimo de lucro del autor y la voluntad de actuar en claro perjuicio del patrimonio de un tercero, sobre quien se acomete la manipulación informática. Actualmente también se castigan las conductas preparatorias para la comisión de este tipo de fraudes y estafas, por lo que la fabricación, introducción, posesión o facilitación de programas informáticos tendentes a su consumación son punibles.

Sin la voluntad de entrar en una exposición detallada de cada uno, a continuación se enuncian las clases de fraude informático más frecuentes:

a) ***Hacking***: quizás el más conocido de toda la enumeración, el *hacking* se caracteriza por cometerse mediante el acceso no autorizado a bases de datos de sistemas y archivos ajenos. Lo veremos más adelante.

b) ***Phishing***: derivado del vocablo inglés *fishing* (pescar), encontramos el delito de *phishing*. El delito de *phishing* subsume elementos de distintos tipos delictivos, por cuanto en él concurren dos conductas: la apropiación indebida de datos confidenciales de la víctima (información económica o datos personales suelen ser los más habituales) con la voluntad de suplantar la identidad de esta y proceder, posteriormente, a efectuar conductas fraudulentas, tales como la obtención de dinero de la víctima o la compra en portales digitales de ventas. Como se puede suponer, las sumas pueden fluctuar desde cuantías pequeñas hasta sumas muy elevadas.

La jurisprudencia ha tendido a definir esta práctica como un delito del grupo de las estafas, cometidas de forma habitual mediante la captación de los datos de la víctima a través de correos electrónicos o ventanas emergentes fraudulentas. La forma más frecuente de perpetración del delito es cuando el estafador (*phisher*) se presenta a la víctima haciéndose pasar por una empresa, entidad financiera o persona en que confía la víctima. El *phisher*, bajo esta identidad falsa, envía a la víctima una comunicación que, en apariencia, es idéntica a una comunicación usual del suplantado en la que, de una u otra forma, se requiere a la víctima que ingrese sus datos personales o financieros. Es ahí donde el autor adquiere dichos datos y, a partir de ese momento, puede obrar como si de la víctima se tratara, efectuando transacciones y ordenes patrimoniales en un claro menoscabo de la economía del afectado.

En consecuencia, la analogía del término con el que se designa al delito con el acto de «pescar» resulta más que evidente. La dificultad en la persecución de esta clase de delitos radica, precisamente, en la evolución constante que experimentan los anzuelos con los que se pesca a las víctimas.

c) ***Pharming***: el *pharming* se provee de la vulnerabilidad del *software* de los equipos de los usuarios o de los servidores DNS (*Domain Name System*). En estos casos, de forma parecida al *phishing*, la víctima cree estar ingresando en un sitio web determinado cuando, de hecho, está accediendo a otro debido al engaño obrado por el autor (esto se conoce como el mapeo de IP de una dirección a otra).

d) El ***cracking*** o sabotaje informático cerraría la lista; no obstante, lo trataremos como un tipo escindido habida cuenta sus particularidades y la regulación penal que este posee en el ordenamiento jurídico español. El *cracking* ataca especialmente los elementos lógicos del sistema (*software*, de forma general) o bien todos los ficheros que contengan datos o información, sea de la índole que sea. Además, para el legislador es insustancial cual sea la actividad operada sobre dichos datos, esto es, si se eliminan, se modifican o se encriptan, entre otros. Lo importante para el tipo es el acceso a estos y la generación de daño de cualquier tipo. Es usual que, como en el ejemplo de Andorra Telecom, el autor decida atacar el *router* (encaminador de redes) procediendo a sobrecargar el servicio mediante ataques masivos o vulnerando el sistema con un ingente volumen de paquetes de direcciones IP falsas, cosa que tiene como resultado el bloqueo general del servicio (ataque que, como ya hemos visto, recibe el nombre de Ddos o *denial of service*). La esencia del sabotaje informático, y lo que permite definirlo como un tipo penal distinto, es la **destrucción o generación de daños en un sistema**, motivo por el que no debe confundirse con el descifrado de claves o ruptura de estas (*password cracking*), en cuyo caso se asimila al *hacking*.

5. *Stalking*

Conocemos bajo el nombre de *stalking* o acecho una conducta persecutoria que el autor, comúnmente denominado *stalker*, efectúa sobre otra. Con la aparición de redes sociales tales como Facebook, Instagram o Twitter, el delito de acoso ha derivado hacia una nueva figura típica, el *cyberstalking* o sencillamente, *stalking*.

Es bien sabido que el auge de las redes sociales ha propiciado que sus usuarios compartan en ellas detalles de su vida pública y privada que, años antes, hubieran permanecido en la esfera íntima. Imágenes de vacaciones, celebraciones de cumpleaños, bodas, reuniones de familia y amigos o imágenes del propio hogar son un recurrente en este tipo de portales. Sin embargo, pese al carácter inofensivo e inocente de aquellos que deciden compartir sus vidas con su comunidad, este constante vertido de información en los medios digitales ha favorecido la obtención de datos personales, otrora de muy difícil consecución. Un claro ejemplo es que, mediante un solo fotograma de un vídeo de YouTube que permita atisbar el paisaje que rodea a un inmueble, se puede localizar donde vive una persona, dando lugar a conductas de acecho.

Más allá de estas consecuencias, la facilidad con la que se puede obtener información mediante Internet también ha fomentado el ciberacoso o *stalking* en redes. En estos casos, el acosador o *stalker* puede incurrir en conductas tales como enviar cantidades ingentes de mensajes a la víctima o controlar qué hace esa persona en cada momento, esto es, una serie de conductas que suponen la presencia virtual y atenciones indeseadas y reiteradas por parte del acosador, pudiendo menoscabar bienes jurídicos tales como la intimidad y la integridad moral y/o sexual. Con la **Ley Orgánica 1/2015, de 30 de marzo, por la que se modificó el Código Penal**, el ordenamiento jurídico penal español experimentó una relevante reforma, incrementando, a su vez, la protección de la mujer ante tales conductas.

La regulación penal del delito de *stalking* la encontramos en el título VI, capítulo III (dedicado a las coacciones), más concretamente en el **artículo 172 ter del Código Penal:**

> «Será castigado con la **pena de prisión de tres meses a dos años o multa de seis a veinticuatro meses** el que **acose a una persona llevando a cabo de forma insistente y reiterada, y sin estar legítimamente autorizado, alguna de las conductas siguientes** y, de este modo, **altere gravemente el desarrollo de su vida cotidiana»**

Así, construye el tipo básico la reiteración de los actos que a continuación se enumeran, siempre que su comisión altere gravemente la vida cotidiana de la víctima:

1. Vigilar, perseguir o buscar la cercanía física de la víctima.
2. Establecer o intentar establecer contacto con la víctima a través de cualquier medio de comunicación, o por medio de terceras personas.
3. Adquirir productos o mercancías, contratar servicios o hacer que terceras personas se pongan en contacto con la víctima, todo ello mediante el uso indebido de sus datos personales.
4. Atentar contra la libertad o el patrimonio de la víctima o de otra persona próxima a ella.

Si se trata de una persona especialmente vulnerable por razón de su edad, enfermedad o situación, la pena se agrava, imponiéndose la pena de prisión de seis meses a dos años. Por consiguiente, el resultado típico no se centra en la reiteración de las conductas descritas, sino en la afectación que las mismas tengan en la vida de quien lo sufre, refiriéndonos así a una afectación de la forma de vida y rutinas de la víctima, alteradas por la conducta del agresor. Siempre que la víctima deba cambiar sus hábitos se reputará como consumado el delito de *stalking*.

Aquí entran en juego supuestos en los que, habida cuenta de la naturaleza individual y disponible del bien jurídico, se puede discutir la atipicidad de la conducta y es que en aplicaciones de mensajería tales como WhatsApp o la mensajería de Facebook o Instagram existe la opción de bloquear a un contacto o sus mensajes. Ha habido sentencias que han considerado consentidas estas conductas porque la víctima no habida recurrido al uso de esta funcionalidad, permitiendo la reiteración y continuación por parte del supuesto acosador.

6. *Child grooming*

Una de las mayores preocupaciones del legislador en materia de ciberseguridad es el uso de Internet por parte de los menores de edad y la vulnerabilidad que estos ostentan ante ataques de cualquier índole, que abarcan un amplio catálogo que va desde el escaso daño patrimonial hasta conductas de carácter sexual.

La encuesta sobre equipamientos y uso de tecnologías de la información y comunicación en los hogares del Instituto Nacional de Estadística (INE), al preguntar acerca del uso de Internet, evidenció los siguientes datos para los últimos tres meses del año 2021:

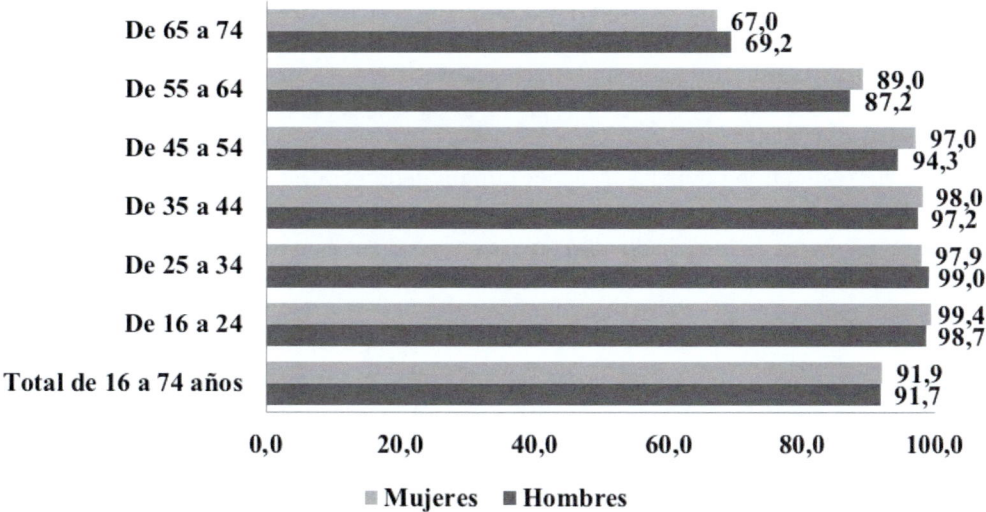

Fig. Porcentaje de población que usó Internet de manera frecuente en los últimos tres meses del año 2021 según la edad. Fuente: Elaboración propia partiendo de los datos de la encuesta sobre equipamiento y uso de tecnologías de la información y comunicación en los hogares (INE).

Puede observarse que el perfil demográfico de los principales (y habituales) usuarios de Internet se comprende en la franja de edad de los 16 a los 54 años, especialmente para aquellos de 16 a 34 años, extremo que, en una lectura rápida, permite afirmar que el usuario habitual de Internet es una persona joven.

El artículo 23 del convenio del Consejo de Europa sobre la protección de los niños contra la explotación y el abuso sexual de 25 de octubre de 2007 fijó la necesidad de reputar como delictivas las proposiciones a menores que tuvieran contenido sexual y que fueran cometidas por medio de las tecnologías de la información y de la comunicación (TIC).

Por lo que a los menores refiere, podemos distinguir distintos tipos delictivos encaminados a su protección:

6.1 El child-grooming o ciberacoso con propósito sexual (art. 183 bis)

Dentro del título VI (delitos contra la libertad), en su capítulo II bis, de los abusos y agresiones sexuales a menores de dieciséis años, en el artículo 183 bis, el Código Penal incluye el denominado **child-grooming o ciberacoso con propósito sexual**. Este delito castiga a quien, con fines sexuales, haga que un menor de dieciséis años participe en un comportamiento de naturaleza sexual, así como castiga que se haga presenciar actos de carácter sexual (aunque el autor ni siquiera participe en ellos). La pena prevista es de prisión, de seis meses a dos años para los casos de participación en conductas sexuales, y de uno a tres años, para los demás casos.

En estos casos, pese a que el perfil criminológico del autor puede llegar a ser muy diverso, se suele seguir un mismo patrón de comportamiento fundamentado en la obtención de la confianza o la coerción del menor para hacerle incurrir en estas actividades:

1. El adulto (aunque también ostentan la consideración de sujeto activo los menores de entre 14 y 18 años, aunque su conducta quedaría subsumida en la norma penal del menor) contacta con el menor a través de Internet con el único propósito de satisfacer sus fantasías sexuales, bien mediante la obtención de material audiovisual de carácter pornográfico o bien favoreciendo un encuentro con el menor con el objetivo de abusar sexualmente de este. Una vez el autor ha obtenido la confianza del menor (con quien contacta a través de redes sociales o aplicaciones y páginas de chat y engaña simulando una identidad que atraiga al menor, llegando incluso a enviar imágenes obtenidas de otro perfil), el siguiente paso es la obtención de material comprometido del menor (una fotografía, un vídeo, el uso de la *web-cam*, etc.) y llevar a cabo una práctica de *sexting* o sexo virtual.
2. El ciberacoso empieza una vez superada esta etapa, bien para la obtención de más material audiovisual o bien para la obtención inicial del mismo (si el menor no ha cumplido con las expectativas del agresor). Con este objetivo, el autor amenaza al menor con proceder a publicar las imágenes obtenidas en Internet o a enviarlas al grupo social de la víctima, coaccionándolo mediante el uso de la vergüenza. Esta presión, aumentada por la temprana edad de la víctima, hace que esta acceda a las órdenes del agresor y, en el peor de los casos, se propicie un encuentro entre ambos con el resultado de un abuso sexual.

6.2 Los delitos vinculados a la pornografía infantil: el delito de online child grooming (art. 183 ter CP y 189 CP)

Los delitos relativos a la pornografía infantil constituyen uno de los ámbitos en los que se han producido mayores reformas en los últimos tiempos. En general, todas estas modificaciones suponen un endurecimiento de las penas y la incriminación de conductas que, hasta ahora, eran impunes. En cuanto a la captación y/o creación de pornografía infantil, se reputan como delito las siguientes conductas:

1. **Contactar con un menor de 16 años a través de Internet, el teléfono o cualquier otra tecnología de la información con la finalidad de concertar un encuentro para cometer algún delito contra la libertad sexual del menor** (incluida la producción de pornografía), siempre que el autor realice algún acto dirigido a acercarse al menor. Para estos casos se prevé una pena de prisión de uno a tres años o multa de doce a veinticuatro meses, sin perjuicio de las penas correspondientes a los delitos en su caso cometidos. **Las penas referidas se impondrán en su mitad superior cuando el acercamiento se obtenga mediante coacción, intimidación o engaño (art.183.1 ter).**
2. **Contactar con un menor de 16 años a través de Internet, teléfono o cualquier otra tecnología de la información con la finalidad de realizar actos dirigidos a embaucarle para que le facilite material pornográfico o le muestre imágenes pornográficas en las que se represente o aparezca un menor.** Se prevé una pena de prisión de seis meses a dos años (art.183.2 ter).
3. Captación y utilización de menores con fines o en espectáculos pornográficos o exhibicionistas o para elaborar cualquier clase de material pornográfico, cualquiera que sea su soporte, o lucrarse

con ello: prisión de uno a cinco años. Para estos casos, el consentimiento del menor es irrelevante (art.189.1 a).

4. Producción, venta, distribución, exhibición, ofrecimiento o facilitación de las anteriores conductas, así como la posesión para los fines de producción, venta, distribución, exhibición, ofrecimiento o facilitación de las anteriores conductas.

También se castiga **la posesión para uso propio** de material pornográfico en cuya elaboración se hubieran utilizado menores de edad o incapaces y se amplía la incriminación de conductas a la producción, venta, distribución, exhibición o facilitación por cualquier medio de material pornográfico, **en el que no hubieran sido utilizados directamente menores o incapaces, con empleo, no obstante, de su voz o imagen alterada o modificada** (por lo tanto, pornografía técnica y simulada).

En este sentido, se incluyen como **modalidades agravadas**, castigadas con penas más **graves** (esto es, con prisión de cinco a nueve años) la comisión de las anteriores conductas si concurren las siguientes circunstancias:

1. Utilización de **menores de 16 años**.
2. Identificación en los hechos de **caracteres** particularmente **degradantes** o **vejatorios**.
3. Cuando el material pornográfico represente a menores o a personas con discapacidad necesitadas de especial protección que sean **víctimas de violencia física o sexual** (las denominadas películas SNAFF).
4. Cuando el culpable hubiere **puesto en peligro, de forma dolosa o por imprudencia grave, la vida o salud de la víctima**.
5. Cuando el material pornográfico fuera de **notoria importancia**.
6. **Pertenencia a organización o asociación**, dedicada a la realización de las actividades previstas en el tipo básico.
7. Concurrencia en el responsable del delito de la condición de **ascendiente, tutor, curador, guardador, maestro** o de persona encargada de hecho o de derecho del menor incapaz.
8. Cuando concurra la **agravante de reincidencia**.

Bibliografía

ALCARAZ, C., y ZEADALLY, S. (2015). «Critical infrastructure protection: Requirements and challenges for the 21st century». *International journal of critical infrastructure protection*, 8, p. 53-66.

ARTICLE 29 WORKING PARTY (2007). «Dictamen 4/2007 sobre el concepto de datos personales», adoptado el 20 de junio WP 136.

ARTICLE 29 DATA PROTECTION WORKING PARTY (2014). Opinion 8/2014 on the Recent Developments on the Internet of Things, 14/EN WP223.

COMISIÓN EUROPEA (2006). Comunicación de la Comisión sobre un Programa Europeo para la Protección de Infraestructuras Críticas, COM(2006) 786 final, 12.12.2006.

— (2017). Propuesta de Reglamento del Parlamento Europeo y del Consejo sobre el respeto de la vida privada y la protección de los datos personales en el sector de las comunicaciones electrónicas y por el que se deroga la Directiva 2002/58/CE (Reglamento sobre la privacidad y las comunicaciones electrónicas), COM (2017) 10, 10.01.2017.

COMUNIDADES ECONÓMICAS EUROPEAS (1991). Directiva 91/250/CEE del Consejo, de 14 de mayo de 1991, sobre la protección jurídica de programas de ordenador, DOCE L 122, 17.5.1991, pp. 42-46.

COMUNIDADES EUROPEAS (1996). Directiva 96/9/CE del Parlamento Europeo y del Consejo, de 11 de marzo de 1996, sobre la protección jurídica de las bases de datos, DOCE L 77, 27.3.1996, pp. 20-28.

— (2001). Directiva 2001/29/CE del Parlamento Europeo y del Consejo, de 22 de mayo de 2001, relativa a la armonización de determinados aspectos de los derechos de autor y derechos afines a los derechos de autor en la sociedad de la información, DOCE 22 de junio de 2001, pp. 10-19.

— (2002). Directiva 2002/58/CE del Parlamento Europeo y del Consejo, de 12 de julio de 2002, relativa al tratamiento de los datos personales y a la protección de la intimidad en el sector de las comunicaciones electrónicas (Directiva sobre la privacidad y las comunicaciones electrónicas), Diario Oficial n.º L 201 de 31/07/2002 pp. 37-47.

— (2004). Directiva 2004/48/CE del Parlamento Europeo y del Consejo de 29 de abril de 2004 relativa al respeto de los derechos de propiedad intelectual, DOCE L 195, pp. 16-25.

— (2006). Directiva 2006/24/CE del Parlamento Europeo y del Consejo de 15 de marzo de 2006 sobre la conservación de datos generados o tratados en relación con la prestación de servicios de comunicaciones electrónicas de acceso público o de redes públicas de comunicaciones y por la que se modifica la Directiva 2002/58/CE, L 105 13.4.2006, p. 54.

— (2009). Directiva 2009/136/CE del Parlamento Europeo y del Consejo, de 25 de noviembre de 2009, por la que se modifican la Directiva 2002/22/CE relativa al servicio universal y los derechos de los usuarios en relación con las redes y los servicios de comunicaciones electrónicas, la Directiva 2002/58/CE relativa al tratamiento de los datos personales y a la protección de la intimidad en el sector de las comunicaciones electrónicas y el Reglamento (CE) n.º 2006/2004 sobre la cooperación en materia de protección de los consumidores (Texto pertinente a efectos del EEE). DO L 337 de 18.12.2009, pp. 11-36.

CONSEJO DE LA UNIÓN EUROPEA (2008). Directiva 2008/114/CE del Consejo de 8 de diciembre de 2008 sobre la identificación y designación de infraestructuras críticas europeas y la evaluación de la necesidad de mejorar su protección, L 345, 23.12.2008, pp. 75-82.

— (2011). Decisión del Consejo 2011/167/UE, de 10 de marzo de 2011.

CONVENCIÓN EUROPEA DE PATENTES (2000). Convention on the Grant of European Patents (European Patent Convention) of 5 October 1973 as revised by the Act revising Article 63 EPC of 17 December 1991 and the Act revising the EPC of 29 November 2000.

DAVARA FERNÁNDEZ DE MARCOS, E.; FERNÁNDEZ DE MARCOS, L., y DAVARA RODRÍGUEZ, M.A., (coords.) (2020). *Manual de Derecho Informático*, Aranzadi Thomson Reuters, 2020, ISBN: 978-84-1346-478-7

DE MONTJOYE, Y.-A.; RADAELLI, L.; SINGH, V.K., y PENTLAND, A.S. (2015), «Unique in the Shopping Mall: On the Reidentifiability of Credit Card Metadata», *Research* 347(6221), pp. 536-539. https://doi.org/10.1126/science.1256297.

GOBIERNO DE ESPAÑA (1996). Real Decreto Legislativo 1/1996, de 12 de abril, por el que se aprueba el texto refundido de la Ley de Propiedad Intelectual, regularizando, aclarando y armonizando las disposiciones legales vigentes sobre la materia.

— (2022). Ley 13/2022, de 7 de julio, General de Comunicación Audiovisual, «BOE» núm. 163, de 08/07/2022.

— (2022). Real Decreto 311/2022, de 3 de mayo, por el que se regula el Esquema Nacional de Seguridad.

JONES C.; ALDERETE M. V.; ASCENZI L.D. (2021). Outsourcing informático y co-creación de valor en MiPyME de Córdoba, Argentina, *Investigación administrativa,* ISSN-e 2448-7678, ISSN 1870-6614, Vol. 50, n.º 127, 2021, pp. 1-16.

KITCHIN, R. (2014). «The real-time city? Big data and smart urbanism». *GeoJournal*, 79, pp. 1-14.

MIRANDA, J. et al. (2015). «From the Internet of Things to the Internet of People», *IEEE Internet Computing*, Volume: 19, Issue: 2, Mar.-Apr. 2015, pp. 40-47.

NIST [National Institute of Standards and Technology] (2016). «Framework for Cyber-Physical Systems», Release 1.0. Accesible en https://s3.amazonaws.com/nist-sgcps/ cpspwg/files/pwgglobal/CPS_PWG_Framework_for_Cyber_Physical_Systems_Release_1_0Final.pdf.

POPESCUL D., y GEORGESCU M. (2013). «Internet Of Things – Some Ethical Issues», diciembre.

SENGUPTA, U.; DOLL, C.; GASPARATOS, A.; IOSSIFOVA, D.; ANGELOUDIS, P.; BAPTISTA, M.; CHENG, S.; GRAHAM, D.; HYDE, R.; KRAENKEL, R.; LUO, J., y OREN, N. (2017). «Sustainable Smart Cities: Applying Complexity Science to Achieve Urban Sustainability», *Policybrief* n.12/2017, United Nations University, Institute for the Advanced Study of Sustainability, pp.1-4.

UNIÓN EUROPEA (2009). Directiva 2009/24/CE, del Parlamento Europeo y del Consejo de 23 de abril de 2009 sobre la protección jurídica de programas de ordenador, DO L111, 5.5.2009, pp. 16-22.

— (2013). Directiva 2013/40/UE del Parlamento Europeo y del Consejo de 12 de agosto de 2013 relativa a los ataques contra los sistemas de información y por la que se sustituye la Decisión marco 2005/222/JAI del Consejo, DOUE L 218 de 14.8.2013, pp. 8-14.

— (2014). Directiva 2014/26/UE del Parlamento Europeo y del Consejo, de 26 de febrero de 2014, relativa a la gestión colectiva de los derechos de autor y derechos afines y a la concesión de licencias multiterritoriales de derechos sobre obras musicales para su utilización en línea en el mercado interior, DOUE núm. 84, de 20 de marzo de 2014, pp. 72-98.

— (2015). Directiva (UE) 2015/2436 del Parlamento Europeo y del Consejo, de 16 de diciembre de 2015, relativa a la aproximación de las legislaciones de los Estados miembros en materia de marcas (Texto pertinente a efectos del EEE). DO L 336 de 23.12.2015, pp. 1-26.

— (2016). GDPR [General Data Protection Regulation]. Regulation (EU) 2016/679 of the European Parliament and of the Council of 27 April 2016. http://ec.europa.eu/justice/data-protection/reform/files/regulation_oj_en.pdf.

— (2018). Directiva (UE) 2018/1808 del Parlamento Europeo y del Consejo, de 14 de noviembre de 2018, por la que se modifica la Directiva 2010/13/UE sobre la coordinación de determinadas disposiciones legales, reglamentarias y administrativas de los Estados miembros relativas a la prestación de servicios de comunicación audiovisual (Directiva de servicios de comunicación audiovisual), habida cuenta de la evolución de las realidades del mercado, DOUE L 303, 28.11.2018, pp. 69-92.

— (2019). Directiva (UE) 2019/790 del Parlamento Europeo y del Consejo de 17 de abril de 2019 sobre los derechos de autor y derechos afines en el mercado único digital y por la que se modifican las Directivas 96/9/CE y 2001/29/CE, DO L 130 de 17.5.2019, pp. 92-125.

— (2022). Reglamento (UE) 2022/2065 del Parlamento Europeo y del Consejo de 19 de octubre de 2022 relativo a un mercado único de servicios digitales y por el que se modifica la Directiva 2000/31/CE (Reglamento de Servicios Digitales) (Texto pertinente a efectos del EEE), DO L 277 de 27.10.2022, pp. 1-102.

Unión Europea (2022). Directiva (UE) 2022/2555 del Parlamento Europeo y del Consejo de 14 de diciembre de 2022 relativa a las medidas destinadas a garantizar un elevado nivel común de ciberseguridad en toda la Unión, por la que se modifican el Reglamento (UE) n.º 910/2014 y la Directiva (UE) 2018/1972 y por la que se deroga la Directiva (UE) 2016/1148 (Directiva SRI 2).

Weiss, A. (2012). «Incidencia del uso de las TIC en procesos de subcontratación y *outsourcing*». En J. C. Celis (coord.). La subcontratación laboral en América Latina: Miradas multidimensionales, pp. 333-353.